Dr. med. Matthias Weniger

Das Stress-Inventar

Dr. med. Matthias Weniger

Das Stress-Inventar

Wie Sie Schritt für Schritt Ihren Stress
bewältigen und Ihre Resilienz erhöhen

Jaron Verlag

Wichtiger Hinweis

Die Informationen und Ratschläge in diesem Buch wurden gewissenhaft und sorgfältig geprüft. Die Vorschläge und Empfehlungen haben sich in der Praxis bewährt, sie ersetzen jedoch nicht die Beratung durch durch eine Ärztin oder einen Arzt. Eine Haftung des Autors beziehungsweise des Verlages für Personen-, Sach- oder Vermögensschäden ist ausgeschlossen.

Originalausgabe
1. Auflage 2023

www.jaron-verlag.de
Umschlaggestaltung und Grafiken: EICURA Corporate Designs, Augsburg
Satz und Layout: Prill Partners|producing, Barcelona
Druck und Bindung: FINIDR s.r.o., Český Těšín Tschechische Republik

ISBN 978-3-89773-626-9

Inhalt

„Es ist nicht genug zu wissen,
man muss auch anwenden;
es ist nicht genug zu wollen,
man muss auch tun."

Johann Wolfgang von Goethe

Vorwort

„Ihr Blutdruck ist mit 150 zu 90 aber sehr hoch!" Verwundert schaue ich mein Gegenüber an und kann es kaum fassen. Ich bin Ende 20, habe vor drei Jahren mein Medizinstudium abgeschlossen und befinde mich in meiner Facharztausbildung zum Allgemeinmediziner. Da ich etwas für mich und meine Leistungsfähigkeit tun will, habe ich mich in einem Fitnessstudio angemeldet und sitze nun beim ersten Gespräch vor dem Personal-Trainer, der mich in die Geräte einweisen soll. Standardmäßig gehört eine Messung des Blutdrucks dazu. Der ist bei mir mit 150 zu 90 deutlich erhöht.

Dieser Wert bringt mich zum Nachdenken. Woran kann es liegen? Da ich als Assistenzarzt in der Inneren Medizin arbeite, gehen mir natürlich alle möglichen Diagnosen durch den Kopf: Erkrankung der Nebenniere? Erkrankung der Niere? Oder ein bösartiger Hirntumor? An all das muss ich denken, ehe ich endlich aufs Naheliegende komme: Stress!

Ich arbeitete damals im Schnitt 75 bis 80 Stunden in der Woche. Für Krankenhausärzte war es normal, dass wir morgens um 7 30 Uhr anfingen, den ganzen Tag arbeiteten und die gesamte Nacht Bereitschaftsdienst hatten – was in den allermeisten Fällen bedeutete, dass wir durcharbeiteten. Und am nächsten Tag machten wir noch bis mittags Visite, versorgten Patienten und schrieben Arztbriefe.

Nach einem sehr lernintensiven Studium fand ich daran überhaupt nichts komisch. Zumal alle um mich herum genauso arbeiteten. Es war „normal". Dass solch ein Rhythmus überhaupt nicht normal ist, dass der Körper und auch der Geist neben den Anspannungsphasen auch regelmäßige Ruhephasen brauchen, blendete ich aus.

Dieses Ereignis im Fitnessstudio war für mich in vielerlei Hinsicht ein echtes Schlüsselerlebnis. Damals habe ich angefangen, meinen Stress und meine Belastungen systematisch zu reflektieren und mich nach Wegen umzuschauen, was ich anders machen kann, wo und wie ich meine eigene innere Haltung verändern muss, wie ich meine Stressoren reduzieren kann. Ohne dass ich es damals geahnt habe, hat dieses Ereignis auch meinen beruflichen Werdegang bestimmt.

Zuerst traf ich die Entscheidung, etwas an den Rahmenbedingungen zu verändern. Ich reduzierte meine Stelle um ein Viertel, was bedeutete, dass ich drei Wochen „normal" arbeitete und eine Woche frei hatte. Ich setzte mich sehr intensiv mit den Themen Achtsamkeit und Gewahrseinstraining auseinander. Bereits mit fünfzehn Jahren hatte ich eine sehr hohe Affinität zu Meditation, Qi Gong, Yoga und chinesischen Kampfkünsten. Ich machte mich auf die Suche und fand eine Ausbildung zum Achtsamkeitslehrer nach der sogenannten MBSR-Methode (Mindfulness Based Stress Reduction). Dieses Achtsamkeitstraining war 2005 noch recht unbekannt.

In den zwei Jahren der Ausbildung gewann ich wichtige und spannende Eindrücke und Erkenntnisse, zum Beispiel wie sich meine Gedanken, wenn ich nicht aufpasste, auf ungesunde Art und Weise selbstständig machten – in sogenannten Gedankenketten, die häufig in Sorgen oder Unzufriedenheit mündeten. Diese Erkenntnisse führten dazu, dass ich als nächste Schwerpunkte meiner Facharztausbildung die Bereiche Psychosomatik und Psychotherapie wählte. Mein Wissen aus dem Studium und der Ausbildung zum Achtsamkeitslehrer konnte ich nun ideal erweitern um verschiedene

Techniken und Verfahren, die ich in der psychotherapeutischen Ausbildung lernte.

Je mehr ich mich mit meinen ärztlichen Kolleginnen und Kollegen austauschte, desto mehr hatte ich den Eindruck, dass auch sie unter dem zunehmenden Stress litten. Die wenigsten gaben das aber offen zu. Stress einzugestehen bedeutete für viele: Schwäche einzugestehen. Wer aber Menschen helfen soll, der darf doch nicht schwach sein!

Nicht nur in der Ärzteschaft, sondern in der gesamten Gesellschaft sehen wir (leider) diese Vorurteile. Ich begann, gemeinsam mit der Ärztekammer Westfalen-Lippe Seminare zum Thema Achtsamkeit speziell für Ärztinnen und Ärzte anzubieten. Wie groß die Resonanz auf diese Angebote war, hat uns damals sehr überrascht. Innerhalb kürzester Zeit waren die Seminare ausgebucht, und der Austausch in den Gruppen war geprägt von großer Offenheit und Ehrlichkeit.

Nach Abschluss der Facharzt-Ausbildung erhielt ich die Möglichkeit, in der Klinik, in der ich vorher bereits als Assistenzarzt gearbeitet hatte, einen psychokardiologischen Schwerpunkt aufzubauen. Innerhalb der Psychokardiologie spielt das Thema Stress eine große Rolle. Herzerkrankungen bedeuten für viele Menschen Stress – aber Stress bedingt auch Herzerkrankungen. Gemeinsam mit zwei ärztlichen Kollegen etablierte ich parallel zu meiner klinischen Tätigkeit die Fortbildung Stressmedizin bei der Ärztekammer.

In dieser interdisziplinären Fortbildung werden Medizinerinnen und Mediziner darin ausgebildet, Stress und seine Auswirkungen auf den Körper und den Geist aus verschiedenen Fachbrillen zu betrachten und Ansätze zur Diagnostik und zur Therapie zu erlernen. Die Fortbildung besteht inzwischen seit mehr als zehn Jahren und ist eine feste Größe geworden.

Beruflich änderte sich bei mir ebenfalls eine Menge. Ich bot auch meinen Patientinnen und Patienten Achtsamkeitskurse und Seminare zur Stressbewältigung an, und mit der Zeit wurden immer mehr kleinere und größere Unternehmen auf uns aufmerksam. Das betriebliche Gesundheitsmanagement stand damals in den Startlöchern, und das Institut für Stressmedizin Rhein Ruhr (ISM) wurde gegründet, das ich als Geschäftsführer heute leite. In einer Berufswelt, die vom ständigen Wandel und immer neuen Herausforderungen geprägt ist, unterstützt das ISM Fach- und Führungskräfte, Teams und Unternehmen. Das Ziel des ISM ist es, die Resilienz, also die Widerstandsfähigkeit gegenüber Stress, aufzubauen und dauerhaft zu erhalten. Auf diese Weise können Krisen nicht nur besser überstanden werden, Menschen und Organisationen können auch gestärkt aus ihnen hervorgehen. Mit einem ganzheitlichen Ansatz und Fachleuten mit unterschiedlichen Professionen haben wir in den letzten Jahren Organisationen unterstützt, Seminarteilnehmerinnen und -teilnehmer begleitet und in Einzelcoachings geholfen.

Ein zentrales Element ist das von mir entwickelte Stress-Inventar. Die Idee ist, eine Methode an die Hand zu geben, mit dem Stress und die alltäglichen Belastungen besser in den Griff zu bekommen sind. Das Stress-Inventar habe ich bereits in den Anfängen unseres Instituts entwickelt und seitdem die fünf Schritte, die es beinhaltet, verfeinert und verbessert.

Dabei habe ich die Anregungen und vielen Erfahrungen aus den Seminaren und den Beratungen einfließen lassen.

Immer wieder hören meine Mitarbeitenden und ich im ISM von unseren Seminarteilnehmerinnen und -teilnehmern, dass es das beste Mittel im Umgang mit Stress ist, das sie kennen, und dass es ihnen sehr geholfen hat.

Deshalb habe ich mich entschieden, dieses Buch zu schreiben. Ich lade Sie ein, sich Zeit zu nehmen. Zeit, die das Potenzial hat, Ihr Leben zu verändern. Das Stress-Inventar soll Sie unterstützen, aus dem Zustand von „Ich bin so gestresst" in einen Zustand des Handelns zu kommen. Sie setzen sich sozusagen wieder in den Fahrersitz Ihres Lebens.

In diesem Buch zeige ich Ihnen außerdem, wie Sie Ihre Resilienz stärken können gegenüber Stress, Krisen und Belastungen – den großen, aber auch den vielen kleinen, denen wir im Alltag ausgesetzt sind und die in ihrer Summe dazu führen, dass wir uns müde, erschöpft und ausgebrannt fühlen. Dazu finden Sie im hinteren Teil des Buches wissenschaftlich erforschte und pragmatische Ansätze, die Sie direkt in Ihren Alltag einbauen können. Die für den Zusammenhang wichtigen medizinischen Hintergründe sind teilweise vereinfacht dargestellt, damit sie besser verständlich sind.

Das Buch und seine Inhalte sollen keine medizinische Diagnostik oder Behandlung ersetzen. Wenn Sie das Gefühl haben, dass Sie Hilfe benötigen dann bitte ich Sie, Ihre Ärztin oder Ihren Arzt aufzusuchen.

Für die Ansprache und Personenbezeichnung habe ich manchmal die weibliche, manchmal die männliche Form, manchmal auch beide gewählt. Ich würde mich freuen, wenn sich immer alle angesprochen fühlen würden.

Nun wünsche ich Ihnen viel Spaß beim Lesen! Und vor allem viel Erfolg beim Bearbeiten Ihres Stress-Inventars und beim Aufbau Ihrer eigenen Resilienz!

Ihr
Dr. Matthias Weniger

1 Einleitung

„Die reinste Form des Wahnsinns ist es,
alles beim Alten zu belassen und gleichzeitig zu hoffen,
dass sich etwas ändert." Albert Einstein

Viele Menschen haben in ihrem Leben regelmäßig das Gefühl, den Dingen nicht mehr gerecht zu werden und nur selten „vor die Welle" zu kommen. Egal ob es das Berufsleben ist, wo die nächste Umstrukturierung der Abteilung ausgerufen wurde, die Verkaufszahlen nicht so gut sind oder die IT mal wieder nicht so funktioniert, wie sie sollte. Oder das Privatleben, wo sie sich nicht nur gefordert, sondern oft auch überfordert fühlen: Die Eltern werden pflegebedürftig, die Kinder schreiben schlechte Noten, die gemeinsame Zeit mit der Partnerin oder dem Partner wird weniger, und wir selbst haben bei all dem das Gefühl, „zu kurz" zu kommen. Zeit den eigenen Akku aufzuladen, gibt es (zumindest gefühlt) nicht. Und wenn sich doch mal eine Lücke im Zeitplan auftut, checken wir die Nachrichten auf dem Handy, und es fallen uns all die Dinge ein, die wir noch erledigen müssen.

Dann sind da noch die Nachwirkungen der Corona-Krise, die Kriege, die hohen Preise. Und viele fragen sich: Wann wird es endlich ruhiger und entspannter?

Ich fürchte: Nie! Die Herausforderungen, die uns tagtäglich begegnen und denen wir uns stellen müssen, werden nicht weniger, sondern mehr. Wie die Digitalisierung, die Klimakrise oder auch die Künstliche Intelligenz unser Leben beeinflussen und verändern werden, können wir heute noch gar nicht abschätzen.

Was ich als Stressmediziner sowohl in meiner Praxis als auch als Berater in vielen Unternehmen, Firmen und öffentlichen Einrichtungen wahrnehme, ist: Das Rad dreht sich immer schneller. Es ist für viele zu einem echten Hamsterrad geworden. Und der Drehschwindel, den das bei vielen auslöst, wird größer.

Es wird nicht wieder so „wie früher" – je eher wir uns von dieser Vorstellung lösen, desto besser können wir uns auf das Neue einstellen.

Für diese neue Form des Arbeitens sind neue Begriffe, Theorien und Modelle erfunden worden: das „VUCA"-Modell zum Beispiel, das die Unsicherheit, die Unbeständigkeit und die Komplexität (englisch: volatility, uncertainty, complexity, ambiguity) beschreibt, der sich nicht nur Managerinnen und Manager, sondern alle Menschen stellen müssen, die Projekte leiten oder Dinge organisieren. Oder „New Normal", das neue Normale, das unser Arbeiten in, während und nach der Pandemie beschreiben soll mit den vielen neuen Aspekten: Homeoffice, virtuelles Kaffeetrinken mit Kolleginnen und Kollegen, Entgrenzung von Arbeit und Privatleben.

Wir müssen uns klarmachen: Wir werden uns nicht wegducken können vor den Herausforderungen, die die Zukunft für uns bereithält. Wir müssen uns ihnen stellen.

Und darum ist eines ganz wichtig: Wir müssen lernen, wie wir die vielen Stressoren um uns herum systematisch angehen und wie wir gut für uns selbst sorgen.

Dazu kommt die zentrale Frage: Was ist uns wichtig im Leben? Wie möchten wir leben – und zwar jetzt, und nicht wenn wir einmal in Rente sind und „viel Zeit" haben werden? Nehmen wir uns die Zeit, die Dinge zu tun, die für uns von persönlicher Bedeutung sind, gerade in unserem Alltag!

Aus eigener Erfahrung weiß ich, wie es sich anfühlt, wenn die Dinge nicht so laufen, wie wir es uns erhoffen. Wenn der „alltägliche Wahnsinn" uns in seinen Klauen hält und wir nur versuchen, irgendwie zu „überleben". Ich weiß aber auch, wie wichtig es ist, dass wir uns gerade dann, in solchen Stress-Situationen, den Raum nehmen, gut auf uns und unsere Liebsten Acht zu geben, unseren Energie-Akku zu füllen und uns mit dem zu verbinden, was uns wichtig ist.

Das fällt uns oft nicht leicht – weil wir im täglichen Gewusel die schönen Dinge aus dem Blick verlieren. In der Psychologie gibt es für dieses Phänomen eine Bezeichnung: das **Teflon- und Klett-Prinzip**. Es besagt: Negative Dinge bleiben an uns haften wie Flusen an Klett. Positives perlt an uns ab wie Wasser an Teflon.

Die gute Nachricht ist: Wir können unseren Geist trainieren. Wir können es schaffen, dass wir uns auf das Positive fokussieren. Unser Geist, unser Gehirn ist bis ins hohe Alter in der Lage, zu lernen und sich anzupassen. Wir haben die Möglichkeit, unsere Stressoren, unsere Bewertungen, aber auch unsere Ressourcen aus einem anderen Blickwinkel zu betrachten. Wir können üben, das Positive bewusst zu sehen. Und eine von Dankbarkeit geprägte positive Bewertung reduziert unseren empfundenen Stress!

Die Sicht auf das Positive kann geübt werden und reduziert unseren gefühlten Stress.

Dafür brauchen wir vor allem Zeit, Ruhe und die Bereitschaft, den Blick von außen, zumindest zeitweise, nach innen zu richten.

Ich möchte Ihnen mit diesem Buch konstruktive, lösungsorientierte und vor allem anwendbare Techniken an die Hand geben, mit deren Hilfe Sie in Ihrem Alltag besser mit den täglichen Herausforderungen umgehen können. Und ich möchte Ihnen helfen, Ihre Resilienz zu verbessern, Ihre Widerstandsfähigkeit oder Robustheit gegenüber Stress.

Der rote Faden in diesem Buch ist die **Stressgleichung**, die ich als Stressmediziner häufig nutze, um besser verständlich zu machen, wie sich Stress zusammensetzt, aber auch um zu erkennen, welche Möglichkeiten der Einflussnahme Sie haben.

$$\frac{\textbf{Stressoren x Innere Bewertung}}{\textbf{Ressourcen}} = \textbf{Stress}$$

Als Stressoren können Sie alle die Punkte einsetzten, die Sie belasten. Zum Beispiel das Email-Eingangskonto, die Fülle der Themen auf Ihrem Schreibtisch, der Besuch bei den Schwiegereltern etc.

Sie sitzen beispielsweise im Zug und wollen von Düsseldorf nach München fahren. In Frankfurt müssen Sie umsteigen, um den Anschlusszug nach München zu nehmen. Dafür haben Sie neun Minuten Zeit. In Köln hat der Zug aber schon fünf Minuten Verspätung. In der beschriebenen Gleichung ist diese Verspätung der Stressor. Nehmen wir an, als Zahl ausgedrückt läge die „Höhe" dieses Stressors bei 10.

Die innere Bewertung bezieht sich auf Ihren ganz persönlichen inneren Umgang mit dem Stressor. Wenn Sie eine gelassene innere Haltung annehmen können, sich zum Beispiel sagen: „Wenn ich wirklich zu spät in Frankfurt ankomme und den Anschlusszug verpasse, nehme ich eben den Zug eine Stunde später" – dann wäre dies in der Gleichung vielleicht eine „Höhe" von 3. Das Ergebnis aus 10 mal 3 ist 30 als Höhe des erlebten Stresses.

Denken Sie aber: „Diese verdammte Bahn, IMMER wenn ich mit ihr fahre, hat sie Verspätung!", dann bewerten Sie die Verspätung als viel gravierender. Und oft kommt dann noch eine Form der inneren Selbstabwertung dazu: „Warum lerne ich nicht aus meinen Fehlern und fahre nicht mit dem Auto?!" Jetzt steigt Ihr Stresspegel noch weiter. Setzen wir dafür eine „Höhe" von 15 in die Gleichung, dann ergibt sich aus 10 (die Verspätung = Stressor) mal 15 (hoher innerer Widerstand und Druck = Bewertung) = 150 als Höhe des erlebten Stresses.

Wenn es Ihnen gelingt, Ihre innere Haltung oder Ihre Wahrnehmung der Situation zu ändern, können Sie sich, auch schnell, aus der Stressreaktion lösen.

Die dritte Größe, die die Höhe des Stresses beeinflusst (in der Gleichung der Divisor), sind unsere Ressourcen. Das sind all die Aspekte in Ihrem Leben, die Ihnen dabei helfen, Ihren Akku wieder aufzufüllen und besser mit bestimmten Situationen umzugehen.

Im Beispiel der Zugfahrt könnten Sie einen guten Freund (oder eine Freundin) anrufen. Wenn er Ihnen hilft, sich zu beruhigen, dann ist er eine Ressource. In der Gleichung teilt sie das Ergebnis aus Stressor multipliziert mit innerer Bewertung. Weitere Beispiele für Ressourcen sind regelmäßiger Sport, ein gutes soziales Netzwerk und gesunde Ernährung.

In diesem Buch werden Sie die drei Bereiche der Gleichung systematisch bearbeiten. Wenn Sie Ihren Stress, also die rechte Seite der Gleichung reduzieren wollen, können Sie an allen drei Stellen ansetzen. Sie können mit den Stressoren arbeiten, Sie können Ihre innere Bewertung beeinflussen, und Sie können Ihre Ressourcen stärken.

Der Einstieg in die Thematik läuft über eine wichtige Erkenntnis, die ich in über 15 Jahren Erfahrung im Bereich der Stressmedizin gemacht habe: Es ist sehr hilfreich zu verstehen, was im Körper und im Gehirn passiert, wenn wir gestresst sind. Im nächsten Kapitel erfahren Sie, wieso wir im Stress in eine Art Tunnelblick kommen. Sie werden verstehen, wie diese jahrtausendealte Reaktion uns mitunter den Schlaf rauben kann, aber auch erfahren, dass Stress auch positive Seiten hat.

Mit diesem Verständnis geht es dann in Kapitel 3 darum, welche Themen uns wirklich konkret stressen. Sie lernen, wie Sie Ihr persönliches Stress-Inventar erstellen, und erkennen, wie Sie Wege aus dem alltäglichen Stress finden. Der Aspekt, wie wir unsere innere Bewertung verändern können, findet sich an unterschiedlichen Stellen im Buch wider.

Viele wissen, dass sie eigentlich mehr für sich selbst tun müssten. Leider bleibt es häufig beim guten Vorsatz. Wie Sie aus dem „man müsste eigentlich mal ..." in ein konkretes regelmäßiges Tun kommen, erfahren Sie Kapitel 5.

2 Stressphysiologie

Warum fällt es uns so schwer, uns aus dem Haltegriff des alltäglichen Stresses zu befreien? Warum nehmen wir uns immer wieder vor, uns gut um uns selbst zu kümmern – und wenn es dann darauf ankommt, bleiben wir doch noch eine Stunde länger im Büro, obwohl wir diesmal wirklich pünktlich Feierabend machen wollten?

In diesem Kapitel beschreibe ich, wie sich Stress auf unseren Körper und vor allem auf unseren Geist und unsere Wahrnehmung auswirken kann, und woran es liegt, dass wir uns in heiklen, stressigen Gesprächen häufig nicht „von unserer besten Seite" zeigen und ein paar Stunden danach das Gefühl haben, „versagt" zu haben. Dabei erkläre ich auch, warum Stress nicht immer ein Problem ist – denn Stress steigert bis zu einem gewissen Punkt unsere Leistungsfähigkeit. Zu viel und dauerhafter Stress hingegen kann uns krank machen. Da wir das aber häufig nicht schnell genug erkennen, beschäftigen wir uns mit Dingen, die zwar wichtig und dringend sind, verlieren aber die langfristigen Themen, wie zum Beispiel unseren Energie-Akku aufzufüllen, aus dem Blick. Ich erkläre, warum wir uns so oft an Punkten, die wir nicht ändern können, die Zähne ausbeißen, und zeige Ihnen, wie wir stattdessen den Fokus auf Dinge richten, die wir ändern können.

Stress ist eine extrem hilfreiche Antwort des Körpers auf äußere Bedrohungen.

2.1 Die „klassische" Stressreaktion

Stellen Sie sich vor, Sie gehen im Herbst im Halbdunkel durch einen Park spazieren. Auf einmal raschelt es im Unterholz, und ein großer Hund bricht aus dem Gebüsch hervor. Er fletscht seine Zähne und kommt knurrend auf Sie zu. Für die meisten von uns bedeutet das: Stress!

So habe ich es vor einiger Zeit erlebt, als ich im Wald joggen war. Wenn Sie nicht mit aggressiven Hunden groß geworden sind und nicht wissen, wie Sie sich in so einer Situation verhalten sollen, versetzt Sie das in Stress. So ging es auch mir, als dieser Hund auf mich zukam.

Was in solchen Situationen in unserem Körper passiert, ist ein sehr alter und über die Jahrtausende der Evolution immer weiter verbesserter Prozess, der zwar sehr kompliziert, aber doch standardisiert ist: Der Reiz (= Hund) wird über die Augen wahrgenommen und im Gehirn verarbeitet. Vereinfacht gesagt werden alle Information, die wir durch unsere Sinnesorgane aufnehmen, vorgefiltert durch einen Bereich, der sich **Tor des Bewusstseins** nennt. (Eine Ausnahme bildet nur das Riechsystem, das ungefiltert Reaktionen und Erinnerungen hervorruft.) Der lateinische Begriff lautet Thalamus. Es entscheidet, ob der Reiz für uns eine Gefahr darstellt oder nicht. Wenn das Tor des Bewusstseins entscheidet, dass keine Gefahr besteht, werden die Informationen an andere Teile des Gehirns weitergeleitet, in denen nun eine Beurteilung und Bewertung auf detaillierterer Ebene stattfindet.

Die meisten Reize schaffen es dabei gar nicht ins Bewusstsein. Erinnern Sie sich noch an den ersten Musiktitel, den Sie heute Morgen im Radio gehört haben? Falls es nicht Ihr

Lieblingshit war, ist es sehr wahrscheinlich, dass Sie sich nicht erinnern.

Wenn der Thalamus aber entscheidet, dass eine potenzielle Gefahr droht, schaltet der Körper in einen Stresszustand. Die Steuerung übernimmt dann ein Bereich im Gehirn, der als Mandelkern oder (griechisch) Amygdala bezeichnet wird. Diese Amygdala ist die zentrale „Stressleitstelle“. Sie sorgt dafür, dass bestimmte Stresshormone ausgeschüttet werden, zum Beispiel Adrenalin, Noradrenalin und Cortisol. Gleichzeitig stellt das Nervensystem auf den sogenannten Sympathikus-Zustand um. In der Folge steigt die Herzfrequenz, die Atmung wird schneller, die inneren Organe stellen vermehrt Blutzucker und Blutfette zur Verfügung, und dieses energiereiche Blut wird wiederum vermehrt in die Arme und in die Beine gepumpt.

Die Stressreaktion ist kompliziert, läuft aber immer nach dem gleichen Schema ab.

Auf der Verhaltensebene ist es das Ziel, den Körper auf drei Reaktionsweisen vorzubereiten. Die erste Option ist der **Angriffsmodus**. Wir prüfen blitzschnell, ob wir eine reale Chance haben, gegen den Hund zu gewinnen. Erkennen wir in der ersten schnellen, aber leider häufig auch fehlerbehafteten Entscheidung, dass der Hund zu stark ist, schalten wir um in den **Fluchtmodus**. Falls alle Fluchtwege versperrt sind, bleibt uns nur die Option der **Schockstarre**. Das bedeutet, wir handeln gar nicht mehr und bleiben einfach stehen. Die Entscheidung für eine dieser Optionen geschieht im Bruchteil einer Sekunde und wird meist getroffen, ohne dass wir uns dessen bewusst sind.

Vielleicht kennen Sie das Gefühl aus Prüfungssituationen:

Auf einmal haben Sie einen kompletten „Blackout", und es fühlt sich an, als würde Ihr gesamtes Prüfungswissen vor Ihrem geistigen Auge wegbrechen.

Natürlich sehen wir im Alltag auch viele Mischformen dieser drei Reaktionsmuster – beispielsweise bei Autofahrern: Jemand regt sich über den anderen auf und zeigt ihm den Vogel. Bleibt der andere dann aber stehen, steigt aus und möchte den Lautstarken zur Rede stellen, fährt dieser schnell weg und flüchtet.

Wesentlich ist die Tatsache, dass das Gehirn die Wahrnehmung in Stresssituationen stark einengt, wir nehmen Dinge nur noch im **Tunnelblick** wahr und richten den Fokus auf die Bedrohung.

> **Wenn wir im Stress sind, schaltet das Gehirn in einen Tunnelblick. Die Wahrnehmung der Dinge findet nur noch sehr selektiv statt.**

Sind wir einmal im Tunnel, dann blicken wir nicht mehr nach rechts und links, nehmen viele wichtige Dinge nur sehr selektiv wahr und beschaffen uns auch keine neuen Informationen mehr, sondern beharren auf unserem Standpunkt. Das sehen wir zum Beispiel, wenn wir unangenehme, heikle Gespräche führen müssen.

Kommen wir in ein Gespräch, in dem es um viel geht, in dem die Meinungen kontrovers sind und es emotional wird, dann ist unsere Kompetenz, das Beste aus diesem Gespräch herauszuholen, meist stark eingeschränkt. Stehen wir unter Stress und versuchen wir zu gewinnen, dann schalten wir in den Angriffsmodus. Das bedeutet, wir werden vielleicht laut, aggressiv, zynisch oder auch beleidigend. Schalten wir in den Fluchtmodus, dann entschuldigen wir uns für Dinge, für die wir uns nicht entschuldigen müssten, und werfen „Nebelgranaten" – das bedeutet, wir versuchen vom Thema abzulenken und die Situation irgendwie zu überstehen. Den Schockstarre-Modus sehen wir, wenn wir eigentlich ein Thema ansprechen müssten, es aber meiden. Alle guten Techniken und Argumente, die wir gelernt und auf die wir uns vorbereitet haben, entfallen uns in solchen Momenten.

Im Stress vergessen wir häufig unsere guten Vorsätze.

Übertragen auf allgemeine Stresssituationen bedeutet das, dass wir in vielen Situationen automatisch reagieren, nur selektiv wahrnehmen und vieles vergessen, was uns eigentlich bewusst sein sollte, weil wir es gelernt und reflektiert haben. Eigentlich wissen wir, dass wir die Dinge nicht perfekt machen müssen. Wir wissen, dass wir regelmäßig Pausen machen sollten. Wir wissen, dass wir unsere Chefin bitten sollten, sich an einen anderen Kollegen zu wenden, wenn wir zu viel auf dem Schreibtisch liegen haben. Das „vergessen" wir im Stress. Dann, am Wochenende, im Urlaub oder wenn wir mit Freunden darüber sprechen, erinnern wir uns, und alle guten Vorsätze sind wieder da. Vor allem ist es das schlechte Gewissen, das uns dann umtreibt, und wir sagen: „Beim nächsten Mal!" Wir nehmen uns vor, dass wir uns bei der nächsten Gelegenheit „abgrenzen", dass wir „Nein sagen" und „Dinge liegen lassen". Doch was passiert, wenn der Stresspegel wieder hoch ist? Wir vergessen unsere guten Vorsätze und sind wieder im Hamsterrad gefangen!

2.2 Die Stress-Leistungskurve

Ist Stress denn immer schlecht? Darauf gibt es eine klare Antwort: Nein! Stress ist erstmal wichtig und hilft uns dabei, aktiv zu werden. Hätten wir keinen Stress, dann wäre unsere Leistungsfähigkeit sehr herabgesetzt.

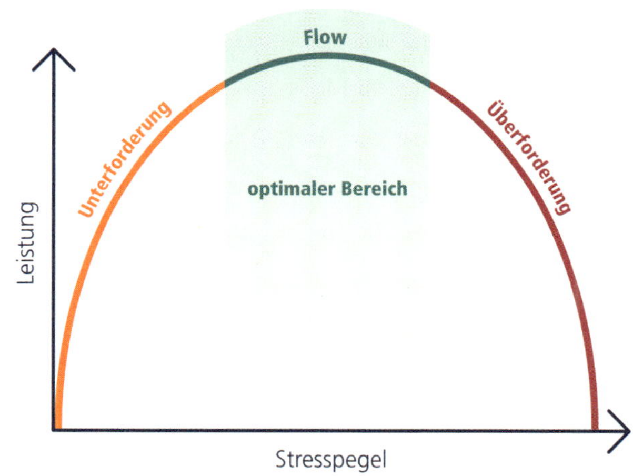

Diesen Zusammenhang sieht man in der Stress-Leistungskurve. Haben wir keinen Stress (linker Bereich der Kurve), ist auch unsere Leistungsfähigkeit nicht sehr ausgeprägt. Steigt der Stresspegel aber in einen moderaten Bereich, nimmt entsprechend auch unsere Leistungsfähigkeit zu (mittlerer Bereich). Häufig sind wir dann im „Flow", in einem angenehmen, zufriedenen Zustand. Wenn der Stress aber weiter steigt, sinkt unsere Leistungsfähigkeit signifikant. Bis wir irgendwann (vor allem, wenn der Stress dauerhaft anhält) krankheitsbedingt ausfallen.

Es gibt auch guten Stress. Stress hilft uns, aktiv zu werden.

Nehmen wir zum Beispiel eine Person, die am Freitag ein wichtiges Projekt abgeben muss, für das noch viel zu tun ist – die also im Stress ist. Nun kommt ein Kollege am Montagmittag in ihr Büro und fragt, ob sie gemeinsam Mittagessen gehen möchten. Was wird die Person antworten? Sie wird voraussichtlich Nein sagen: „Ich habe keine Zeit für eine Pause." Sie verzichtet auf Pausen und arbeitet weiter – leider häufig zulasten ihrer eigenen Leistungsfähigkeit.

Warum aber merkt man dies meist erst, wenn es zu spät ist?

Der Grund ist wieder der Tunnelblick – und die Erfahrungen der Evolution: Wenn ein aggressiver Hund hinter uns her ist, macht es für uns keinen Sinn, in uns hineinzuhören, ob wir eine Pause benötigen. Was zählt, ist einzig und allein das Überleben! Und so ergeht es uns häufig auch, wenn uns zu viele Themen gleichzeitig beschäftigen.

Dabei machen Pausen durchaus Sinn. 2011 wurde an der Universitätsklinik Hannover eine interessante Studie zum Thema „Pausen während Operationen" durchgeführt. Dabei wurden zwei Gruppen gebildet und genau beobachtet. Man stoppte die Zeit, untersuchte Komplikationsquoten während und nach der OP, auch der Stresspegel der Chirurginnen und Chirurgen wurde durch ausgewählte Parameter bestimmt (Stresshormone, Fragebögen, Herzfrequenzen etc.). Die eine Gruppe operierte so wie immer, die zweite musste nach fünfundzwanzig Minuten eine fünfminütige Pause machen (natürlich nur, wenn es keine akuten Probleme gab). Wenn eine Operation zum Beispiel vier Stunden dauerte, dann bedeutete das eine „Nettopausenzeit" von 35 bis 40 Minuten.

Das Ergebnis war eindeutig: Die „Pausengruppe" schloss in den wichtigsten Parametern besser ab als die Gruppe ohne Pausen. Die Komplikationsquoten waren niedriger, ebenso die Stresswerte der Operierenden. Und was die Länge der OPs betraf, zeigte sich, dass beide Gruppen gleich schnell waren – obwohl die eine 35 bis 40 Minuten Pause gemacht und die andere durchgearbeitet hatte.

Regelmäßige Pausen fördern unsere Leistungsfähigkeit.

Wenn ich diese Studie in meinen Seminaren (insbesondere bei Workshops für Ärztinnen und Ärzte) vorstelle, dann merke ich, wie wichtig es ist, dass wir über die innere Haltung sprechen. Leider ist nicht nur die Medizin extrem von einer Arbeitsmoral geprägt, die wenig bis gar keine Pausen zulässt. Ist Ihnen zum Beispiel mal aufgefallen, wie sich Menschen rechtfertigen, wenn sie im Homeoffice eine Pause machen? „Ich bin nur kurz mal in der Pause" oder „Ich hole mir nur schnell eine Tasse Kaffee". Das schlechte Gewissen treibt uns an!

2.3 Dringlichkeit vs. Wichtigkeit – die richtigen Dinge tun

Manche Dinge sind wichtig, manche unwichtig. Manche sind dringend, manche nicht dringend. Dabei liegt die Bedeutung immer im Auge des Betrachters. Das, was für mich wichtig ist, kann für meine Partnerin oder meinen Kollegen unwichtig sein – und umgekehrt.

Häufig haben wir das Gefühl, nur im I. Quadranten unterwegs zu sein: Unsere Aufgaben sind meistens wichtig

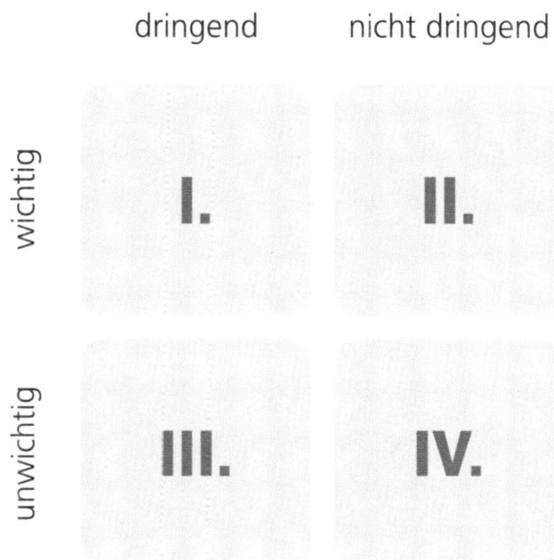

und dringend. Das können Termine sein, Deadlines, Anrufe, Besucher vor unserer Tür etc. Wenn sich viele unserer Aufgaben im I. Quadranten ansiedeln, geraten wir schnell in Stress. Meist bemerken wir unseren Tunnelblick dann gar nicht – das ist das Wesen dieser Form der Wahrnehmung.

Oft rücken dann auch Aufgaben aus dem III. Quadranten (dringend, aber unwichtig) in unseren Fokus. Ruft uns zum Beispiel ein Kollege an mit einem Anliegen, das für ihn dringend und wichtig ist, kümmern wir uns meist darum, obwohl es für uns unwichtig ist. Bei genauem Hinsehen würden wir dies auch erkennen.

Am Abend, nachdem wir uns um die Familie, den Haushalt, das Bestellen der Handwerker, die Hausaufgaben etc. gekümmert haben, sind wir dann so müde und erschöpft, dass wir uns direkt in den IV. Quadranten bewegen, den ich auch als den „Netflix-Quadranten" bezeichne. Die ein-

Sich um die eigene Gesundheit zu kümmern, ist für uns oft wichtig, aber nicht dringend.

zige körperliche Betätigung ist das Schwingen der Beine auf die Couch und das Drücken der Fernbedienung. Unser Akku reicht nicht mehr aus, um Sport und Entspannungsübungen zu machen oder mit der Familie oder guten Freunden in Ruhe zu reden.

Ressourcen aufbauen, Stressbewältigung, Energie-Akku auffüllen – all das gehört für uns in den II. Quadranten: wichtig, aber nicht dringend. Dieser Quadrant wird leider sehr häufig vernachlässigt oder verdrängt von den anderen Quadranten, obwohl er für unsere Gesundheit sehr entscheidend ist. Zusätzlich gehen wir automatisch davon aus, dass der II. Quadrant Spaß machen müsste. Dabei vergessen wir, dass gerade zu Beginn des persönlichen Resilienz-Trainings der II. Quadrant sehr anstrengend sein kann.

Ein Beispiel aus meiner Erfahrung beim Joggen: Ich selbst sehe mich als eine Art „saisonalen Läufer“. Das heißt, es gibt Phasen im Jahr, da gehe ich dreimal in der Woche zum Laufen in den Wald und fühle mich entsprechend fit und aktiv. Dann (vielleicht weil ich eine Erkältung bekomme oder gerade viel zu tun ist) lasse ich es schleifen und schaffe es über einen längeren Zeitraum nicht, mich zum Sport zu motivieren. Mit der Zeit merke ich, dass ich „wieder mal was machen muss“, raffe mich auf, überwinde meinen Schweinehund und gehe laufen. Die ersten Male sind dann aber alles andere als Stressbewältigung – im Gegenteil, es fühlt sich an wie purer Stress. Die Steigungen der Berge, der Muskelkater, das Gefühl, nicht richtig Luft zu bekommen ...

Ich muss erst wieder Zeit und Arbeit investieren, bis ich merke, wie gut das Laufen mir eigentlich tut.

Deshalb sollten wir uns regelmäßig darum kümmern, dass wir unseren Akku wieder auffüllen. Zwar kostet dies Überwindung und macht manchmal gerade zu Beginn keinen Spaß, aber wenn wir hier nicht regelmäßig aktiv werden, kann es sein, dass wir stressbedingt krank werden. Und spätestens dann haben wir ein wichtiges und dringendes Thema, das hätte vermieden werden können. Wie wir unsere Verhaltensweisen positiv beeinflussen, erkläre ich in Kapitel 5.3.

2.4 Einflussbereich vs. Interessensbereich – Handlungsspielräume nutzen

Stress entsteht, wenn wir das Gefühl haben, auf eine Situation keinen Einfluss nehmen zu können. Um das nachzuweisen, hat es zahlreiche (Tier-)Experimente gegeben.

Eines der bekanntesten Experimente sieht so aus: Zwei Ratten werden in Käfige gesetzt, die in zwei verschiedene Räume gestellt werden. Der Boden beider Käfige ist mit einem Spezialbelag präpariert, über den leichte bis mittelschwere Stromimpulse gesendet werden können. Die Impulse werden per Zufallsgenerator gegeben, und wenn der Strom fließt, empfinden die Ratten leichte Schmerzen. Eine der beiden Ratten (Ratte A) hat in ihrem Käfig einen Knopf, mit dem sie die Stromzufuhr zu beiden Käfigen unterbrechen kann. Sie lernt schnell, den Knopf zu bedienen. Der Strom wird also in beiden Käfigen immer wieder schnell unterbrochen – auch im Käfig von Ratte B. Ratte B hat darauf aber keinen Einfluss und weiß auch nicht, dass die Unterbrechung gesteuert wird. Über einen längeren

Zeitraum konnte man Folgendes beobachten: Ratte A, die selbst Einfluss auf die Situation nimmt, hat wesentlich weniger Stress als Ratte B, die nichts tun kann, obwohl beide Ratten der gleichen Intensität an Stromimpulsen ausgesetzt sind.

Stress entsteht häufig dann, wenn wir das Gefühl haben, eine Situation nicht kontrollieren zu können.

Entscheidend ist, ob wir Einfluss auf eine Situation nehmen können oder nicht. Leider befinden wir uns im Alltag häufig in Situationen, die wir nicht ändern können – feste Deadlines, das Verhalten von Vorgesetzten und die allgemeine wirtschaftliche Situation sind nur einige Beispiele. Diese Situationen, auf die wir keinen Einfluss haben, nennt man in der lösungsorientierten Gesprächsführung **Einschränkungen**, sie befinden sich in unserem „Interessensbereich". Die Dinge, die wir ändern können, werden als **Probleme** bezeichnet; sie liegen in unserem „Einflussbereich".

Was kann ich beeinflussen, was kann ich nicht beeinflussen?

Häufig ist die Unterscheidung nicht einfach, weil die Dinge ineinander übergehen oder wir viel Kraft und Energie aufbringen müssen, um Sachen zu verändern. Die Unterscheidung bzw. der Umgang mit Einschränkungen und Problemen ist jedoch ein zentraler Punkt im Stress-Inventar, mit dem wir uns im nächsten Kapitel beschäftigen werden.

Fokussieren Sie Ihre Kraft und Ihre Energie auf Ihren Einflussbereich.

3 Das Stress-Inventar

„Ich bin so wahnsinnig gestresst!" „Wir wissen gar nicht, wo uns der Kopf steht!"

Häufig wenden sich Klienten oder ganze Teams ans Institut für Stressmedizin und berichten, dass „alles zu viel" sei. Auf Grundlage dieser Aussage fällt es schwer, konkrete Ansatzpunkte zu finden. In diesem Kapitel stelle ich Ihnen deshalb das Stress-Inventar vor. Es ist ein Instrument, mit dessen Hilfe Sie eine sehr gute und detaillierte Übersicht über Ihre konkreten Stressoren bekommen. Wenn Ihnen diese bewusst sind, können Sie Ihre Themen strukturiert bearbeiten. Wo drückt der Schuh am meisten? Welche Dinge können mit geringem Aufwand geändert werden? Gleichzeitig erarbeiten Sie sich eine andere Sichtweise auf die Themen und planen mithilfe von Strategien, wie Sie lösungsorientierter und entspannter mit Ihrem Stress umgehen können.

3.1 Strukturierung der Stressoren, oder: Was stresst mich konkret?

Das Stress-Inventar gliedert und verästelt sich wie ein Baum: Es gibt einen dicken Stamm, von dem sich die ersten mächtigen Äste verzweigen. Diese unterteilen sich wiederum in weitere Äste, die immer dünner und feiner werden.

Nehmen Sie sich ein Blatt Papier und schreiben Sie in die Mitte: „Meine Stressoren" (siehe Abbildung). Das ist der Stamm des Baumes. Als nächstes zeichnen Sie drei bis vier Unteräste. Diese sollten die großen Themen in Ihrem Alltag widerspiegeln:

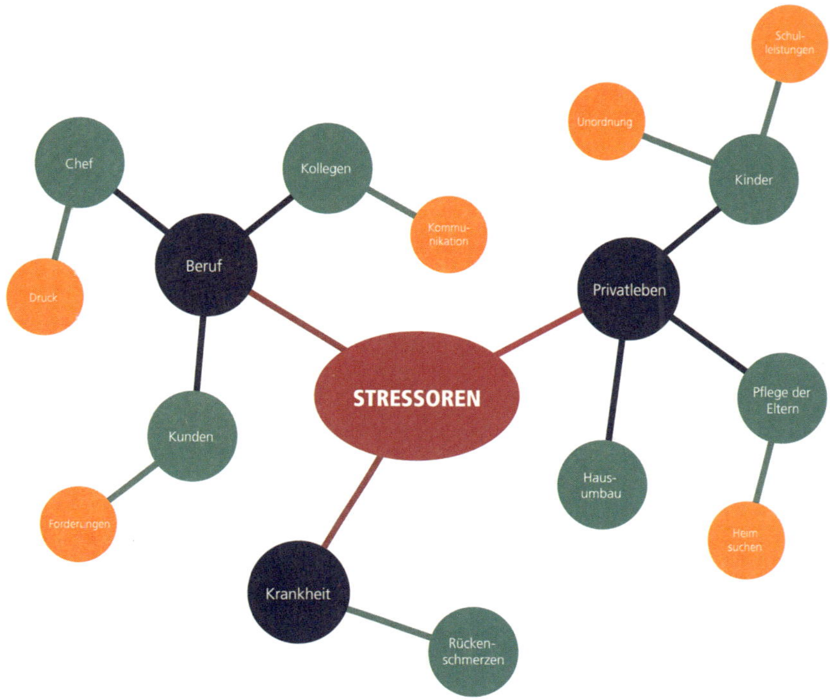

Zum Beispiel:

1. beruflicher Stress
2. privater Stress
3. Stress durch Krankheit und damit einhergehende Einschränkungen

Nun ziehen Sie weitere Äste vom Hauptast „Beruf". Was stresst Sie in Ihrem Berufsalltag? Hier könnten zum Beispiel folgende Themen stehen:

- Kollegen
- Chef/Chefin
- Mitarbeiter (wenn Sie selbst Führungskraft sind)
- Stimmung im Team

- Arbeitsfülle
- IT-Probleme
- schwierige Kunden

Dann werden Sie genauer und zeichnen die nächsten Äste: Was macht Ihre Führungskraft, das Sie stresst? Vielleicht steht dann hier:

- Kommunikationsverhalten
- mangelnde Gerechtigkeit
- Druck
- fachliche Inkompetenz
- schlecht zu erreichen

In der nächsten Verästelung kommen Sie dann zu konkreten Situationen. Beim Konsumverhalten bedeutet das zum Beispiel: Wann sagt und macht die Führungskraft etwas, das Sie stresst? Wird sie vielleicht in der Frühbesprechung laut und beschwert sich über die schlechten Zahlen der letzten Woche?

Werden Sie konkret! Aus „Ich bin so gestresst" wird eine Aufzählung der einzelnen Stressoren.

In dieser Vorgehensweise durchdenken und schreiben Sie alle Ihnen einfallenden Stressoren nieder.

Insbesondere wenn Sie sich etwas mehr Zeit nehmen und noch einmal mit Abstand auf Ihre Stressoren blicken, finden Sie manchmal noch weitere Themen, die Sie auf den ersten Blick nicht wahrgenommen haben.

3.2 Reflektion der Stressoren, oder: Ist meine Sichtweise objektiv?

Nachdem Sie Ihre Stressoren strukturiert und sich einen Überblick verschafft haben, sehen Sie vermutlich eine Menge Themen vor sich. Vielleicht haben Sie Punkte in Ihrer Beziehung oder Verhaltensweisen Ihrer Kinder, vielleicht auch Ihren Job als Stressoren identifiziert. Wenn wir an diesem Punkt aufhören würden mit der Erstellung des persönlichen Stress-Inventars, laufen wir Gefahr, in eine negative Wahrnehmung abzurutschen und viele Dinge als große Probleme wahrnehmen – die das gar nicht sein müssen.

Sie erinnern sich an das Teflon- und Klettprinzip aus Kapitel 1? Der menschliche Geist ist darauf trainiert, die Probleme und Gefahren zu sehen – und nicht, oder nur selten, die positiven Seiten. Das bedeutet, bezogen auf die Strukturierung der Stressoren, dass wir unsere Wahrnehmung unbedingt reflektieren müssen.

Nehmen Sie beispielsweise die eigenen Kinder als Stressor. Hier ist es vielleicht die Unordnung, die für Sie einen Stressfaktor darstellt. Die Zimmer sind nie aufgeräumt, die Küche hinterlassen sie als Schlachtfeld, und im Badezimmer ist die Zahnpastatube nie zugedreht – ich bin selbst Vater, ich kenne diese Momente. Wenn wir nicht aufpassen, wird unsere Wahrnehmung sehr problemorientiert. Alles, was unsere Kinder machen, wird dann als Stress wahrgenommen.

Als nächstes erfolgt deshalb die Reflektion der Stressoren mithilfe eines Schritts zurück. Vielleicht liegt das Blatt Papier mit den Stressoren jetzt vor Ihnen auf dem Tisch. Am besten hängen Sie es an die Wand vor sich und gehen dann bewusst ein, zwei Schritte zurück. Gewinnen Sie Abstand und schauen Sie aus der Ferne auf die Themen. Was springt Sie an? Wo sind Ihre großen Themen und welche sind vielleicht im Vergleich unwichtiger?

Jetzt stellen Sie sich folgende Fragen:

- Ist es wirklich so schlimm, so dramatisch, wie Sie es in diesem Moment empfinden?
- Wie sehr sind Sie der Meinung, dass die Bedeutung, die Sie der Situation geben, der „objektiven Wahrheit" entspricht?
- Stresst Sie die konkrete Situation, oder sind es Ihre Sorgen über Folgen, die eintreffen könnten?
- Wie wahrscheinlich ist es, dass diese Folgen wirklich eintreffen werden? (Über 90 Prozent aller Befürchtungen, die wir haben, treten niemals ein.)
- Wenn jemand anders der Stressor ist, versetzen Sie sich in seine Lage: Wie beurteilt er oder sie vermutlich die Situation?
- Welche Chancen und Möglichkeiten ergeben sich aus der Situation oder können sich ergeben, wenn Sie sie nutzen?
- Welche Erwartung, welches Bedürfnis von Ihnen wird vielleicht nicht beachtet, sodass Sie Stress empfinden?

Wende ich diese Fragen auf das Beispiel der Unordnung meiner Kinder an, dann kann ich mich über die Zahnpastatube aufregen und meinen Stress somit verstärken. Oder ich reflektiere, dass ich in meiner Jugend auch nicht anders war, und denke darüber nach, wie viel Spaß und Freude ich mit meinen Kindern habe und welch wichtige Kraftquelle sie in meinem Leben darstellen.

Es gibt selbstverständlich viele Themen, die man nicht durch einen Perspektivwechsel entschärfen kann, aber gerade im Stress neigen wir dazu, uns selbst nicht mehr zu hinterfragen, und sind (meist unbewusst) davon überzeugt, dass unsere – und nur unsere – Meinung die richtige ist. Wie oft habe ich bei mir und bei meinen Klienten und Patienten erlebt, dass dieser kleine Schritt zurück Großes bewirken kann.

Die eigene Wahrnehmung kritisch zu hinterfragen hilft uns dabei, eine andere Sicht auf die Dinge zu bekommen.

Schaue ich zurück, dann sehe ich, dass ich aus den schwierigsten Situationen in meinem Leben häufig am meisten gelernt habe. Natürlich wollen und können wir das in der Regel nicht sehen, wenn wir uns gerade in einer stressigen Situation befinden. Aber wenn wir den Kopf dann wieder über Wasser bekommen, sehen wir nicht nur das rettende Ufer, sondern merken auch, wofür die Situation vielleicht gut ist.

In vielen Krisen liegen auch Chancen und Möglichkeiten.

3.3 Gewichtung der Stressoren, oder: Wie sehr belasten mich welche Stressoren?

Nachdem Sie durch den Schritt zurück ein wenig Abstand zu den Themen hergestellt haben, erfolgt nun die Gewichtung der Stressoren. In dieser persönlichen und rein subjektiven Wahrnehmung fragen Sie sich, wie sehr Sie die einzelnen Themen belasten und stressen. Dafür vergeben Sie insgesamt 100 Punkte, die Sie auf die einzelnen Unterpunkte verteilen.

Ein Beispiel: Wenn Sie für Ihre privaten Stressoren 15 Punkte vergeben und für die Beeinträchtigung durch gesundheitliche Beschwerden 5, dann haben Sie noch 80 Punkte für den Beruf. Diese Punkte verteilen Sie dann entsprechend den nachfolgenden Stressoren weiter. Wenn Ihr Chef Sie sehr stresst, dann geben Sie ihm von den 80 Punkten vielleicht 60. Für Ihre Kollegen und die nicht funktionierende IT bleiben dann noch jeweils 10. Jetzt differenzieren Sie die 60 Punkte weiter, bis Sie bei den konkreten Situationen sind. Auf diese Weise kann es sein, dass für die Zahnpastatube, die Ihr Kind regelmäßig offen lässt, nur noch 1 Punkt übrig bleibt. Beachten Sie: Es ist Ihr Stress-Inventar und Ihre persönliche Gewichtung!

Was stresst Sie wie sehr, und wie häufig treten diese Stressoren auf?

Bei der Aufteilung sollten Sie den Themen, die häufiger auftreten bzw. Sie mehr stressen, mehr Punkte geben als den Stressoren, die seltener geschehen bzw. Sie weniger stark belasten. Sie müssen aber mit den 100 Punkten auskommen. Wenn Sie merken, dass die nicht reichen, müssen Sie Punkte aus anderen Bereichen abziehen und neu verteilen.

Wenn Sie alle 100 Punkte verteilt haben, nehmen Sie sich etwas Zeit und lassen die Gewichtung auf sich wirken. Gibt es wenige große Themen? Oder sind die Punkte gleichmäßig auf die Stressoren verteilt? Was wundert Sie? Welche

Erkenntnisse können Sie aus der Gewichtung ziehen? Wollen Sie die großen Themen zuerst angehen oder erstmal die kleineren?

Häufig habe ich bei meinen Klienten beobachtet, dass diese Gewichtung hilft, die Dinge zu relativieren. Denn wenn Sie zum Beispiel auf dem Weg nach Hause sind und in einen Stau kommen, dann stresst es Sie in dieser Situation vielleicht – wenn Sie es aber im großen Ganzen sehen, dann merken Sie, dass dieser Stressor vergleichsweise wenig Raum in Ihrem Stress-Inventar einnimmt. Und wenn Sie dann noch das tolle Abendessen genießen, das zwischenzeitlich für Sie gezaubert wurde, ist der Stress schnell wieder weg.

Lassen Sie sich beim Reflektieren Zeit und schreiben Sie Ihre Erkenntnisse auf.

3.4 Einschränkung oder Problem, oder: Was kann ich beeinflussen?

„Gott, gib mir die Gelassenheit, Dinge hinzunehmen, die ich nicht ändern kann, den Mut, Dinge zu ändern, die ich ändern kann, und die Weisheit, das eine vom anderen zu unterscheiden."
Reinhold Niebuhr (Theologe und Philosoph)

Ihr Stress-Inventar liegt nun vor Ihnen. Sie haben Ihre Stressoren aufgeschrieben. Sie haben sich gefragt, ob und wie Sie Ihre Wahrnehmung und Bewertung der Themen ändern können, Sie haben eine Gewichtung der Stressoren vorgenommen. Der nächste, entscheidende Schritt ist die Frage:

Was können Sie ändern und was nicht? Anders gefragt: Ist der Stressor eine Einschränkung oder ein Problem (oder eine Mischform)?

Wenn Sie sich an das Modell des Einfluss- und des Interessensbereichs erinnern (Kapitel 2.4), dann geht es dabei um die Frage, wann Menschen die Möglichkeit haben, bestimmte Dinge und Situationen zu verändern. Als **Probleme** bezeichnen wir hierbei Dinge, die wir verändern können. **Einschränkungen** dagegen sind Situationen, die wir gern verändern würden, die aber außerhalb unseres Einflussbereichs liegen.

Die Identifikation, ob ein Stressor eine Einschränkung oder ein Problem ist, kann enorm entlasten.

Leider sind viele unserer Stressoren nicht immer so eindeutig den Kategorien Problem oder Einschränkung zuzuordnen. Die Abgrenzung ist meist nicht schwarz oder weiß, sondern fließend. Aber je mehr wir in Richtung der Einschränkung kommen, desto größer ist häufig der Aufwand, die Dinge zu verändern.

In seinem Buch „Die Kunst, in schwierigen Zeiten nicht durchzudrehen" hat Ralf Senftleben Beispiele für die unterschiedlichen Abstufungen aufgeführt:

Bereiche, die ich gar nicht oder nur minimal verändern kann:

Kriege, globale oder nationale Politik, Wirtschaftssituation, große Trends wie Globalisierung und Digitalisierung, Pandemien, Wetter, was andere Menschen tun, denken, wollen oder ob sie sich korrekt verhalten

Bereiche, die ich nur teilweise beeinflussen kann:

Unfälle (obwohl ich achtsam bin), Krankheiten (obwohl ich vernünftig bin), Kündigung der Wohnung oder des Arbeitsplatzes, den Eindruck, den andere von mir haben, oder wie wichtig ihnen meine Meinung ist

Bereiche, die ich direkt beeinflussen kann:

Was ich tue und was nicht (mehr), wie ich auf andere und auf bestimmte Situationen reagiere, was ich kaufe oder nicht, mit wem ich mich umgebe, wie ich mein Umfeld gestalte, welchen Einflüssen ich mich aussetzte, wofür ich mich entscheide, wem ich helfe

Je mehr wir uns gedanklich in den Bereichen, die wir gar nicht, minimal oder nur teilweise beeinflussen können, aufhalten (Einschränkungen), desto mehr Frust und Stress entstehen. Es ist normal, dass wir Dinge ändern wollen, auf die wir keinen Einfluss haben, aber die Gewichtung dieses Bereichs sollte gering sein. Es wird viel Energie frei, wenn wir uns auf die Dinge fokussieren, die wir beeinflussen können (Probleme).

Wenn wir zum Beispiel unzufrieden sind mit unserer Stelle, dann ist das ein Problem. Wir könnten die Situation ändern: Wir könnten kündigen und wären aus der stressauslösenden Situation heraus. Aber dafür müssten wir auch einen Preis zahlen: Wir müssten uns einen neuen Job suchen, vielleicht finden wir keinen – oder keinen, der so gut bezahlt ist. Die Einarbeitung ist anstrengend, und die Sicherheit

Durch den Fokus auf Veränderbares wird viel Energie frei.

einer langjährigen Mitarbeiterschaft ist nicht mehr vorhanden. Der Preis könnte also recht hoch sein. Es gibt Chancen und Risiken bei einer möglichen Veränderung. Sie müssen die Situation abwägen.

Uns bewusst zu machen, dass wir eine aktive Entscheidung treffen, auch wenn das vielleicht bedeutet, keine Veränderung zum aktuellen Zeitpunkt anzugehen, kann einen wichtigen Unterschied machen. Sie sind nicht Opfer der Situation. Sie entscheiden bewusst unter Abwägung der Auswirkungen.

Bei der Reflektion der Situation fallen Ihnen vielleicht nun auch noch andere Lösungswege ein. (Zum Beispiel: Gespräch mit dem Vorgesetzten, Fortbildung, interne Bewerbung, Bewerbung aus ungekündigtem Arbeitsverhältnis)

Fragen Sie sich bei jedem einzelnen Stressor konkret:

- Können Sie ihn ändern, oder können Sie ihn nicht ändern?
- Haben Sie auf Teile der Situation Einfluss?
- Wie hoch ist der Preis, den Sie für eine Veränderung zahlen müssten?
- Sind Sie bereit, diesen Preis zum jetzigen Zeitpunkt zu zahlen?
- Was empfinden Sie bei der Überlegung, ob der Stressor veränderbar ist oder nicht?

Wir werden im nächsten Abschnitt Pläne machen, wie man anders mit den Stressoren umgehen kann. Sie ahnen bereits, dass die Vorgehensweise bei Problemen eine andere ist als bei Einschränkungen. Bei Problemen geht es um konkrete Handlungsoptionen, um Veränderungen in der Sache, um die Suche nach eigenen Kompetenzen, um Netzwerke, die uns helfen können. Dagegen geht es bei der Einschränkung und den Problemen, die Sie erstmal nicht angehen, um Akzeptanz (was nicht zu verwechseln ist mit Resignation!).

3.5 Lösungsansätze – Wenn-dann-Pläne, oder: Was kann ich konkret tun?

Sie kennen die guten Ideen und Vorsätze, die wir haben: „Ab jetzt lasse ich mich nicht mehr von meinen Kunden hetzen!" „Jetzt lerne ich, Grenzen zu ziehen!" Diese Ideen sind alle richtig. Wir finden sie in zahlreichen Büchern über Selbstfürsorge und Stressbewältigung. Leider ist es aber mit der Umsetzung nicht so einfach, da der Bereich des Gehirns, der hierfür zuständig ist, im Stress nicht mehr so aktiv ist (siehe Kapitel 2). Dennoch gibt es Ansätze, die uns dabei helfen, in stressigen Situationen bedacht zu handeln.

In meiner aktiven Zeit als Notarzt kam ich regelmäßig in brenzlige Situationen. Diese bedeuten: Stress. Doch wenn man als Notfallmediziner zu viel Stress hat, ist das schlecht für den Patienten – denn wer gestresst ist, macht Fehler. Was können wir also tun, um den Stress auf das richtige Maß zu reduzieren?

Vorbereitung ist der zentrale Weg, um Stress zu reduzieren.

Wir können uns vorbereiten! Wenn wir wissen, was kommen kann, sind wir handlungsfähiger. Und das reduziert unseren Stress. In der Notfallmedizin (aber nicht nur da) gibt es sogenannte Planentscheidungen. Das sind im Vorfeld geplante Handlungsabläufe, die uns dann in einer stressigen Situation Sicherheit geben. Konkret bedeutet das, dass Notärzte vor ihren Einsätzen geschult werden mit detaillierten Plänen. Darin steht, was passieren könnte und wie sie darauf reagieren sollten. Das geht so weit, dass die Dosierung der Medikamente für bestimmte Situationen aufschrieben ist.

Im Rahmen unserer Fortbildung Stressmedizin mit der Ärztekammer Westfalen-Lippe erfährt man, dass auch die Polizei mit solchen Planentscheidungen arbeitet: Für größere Schadenslagen gibt es fertig ausgearbeitete Pläne, die „aus der Schublade gezogen" werden. Darin sind alle Schritte vermerkt, an die gedacht werden muss. Inzwischen weiß ich, dass in vielen Berufen, die mit Hochstresssituationen zu tun haben, solche Techniken angewendet werden.

Was bedeutet das für unser Stress-Inventar?

Wenn Sie sich, bevor Sie wieder in eine stressige Situation kommen, Gedanken über Ihre Handlungsoptionen machen und diese ausarbeiten, dann ist die Wahrscheinlichkeit viel größer, dass Sie in der jeweiligen Situation auch so handeln. Je genauer Sie es vorher durchdacht haben, desto einfacher wird es in der konkreten Situation. Versprochen!

Viele Menschen, die in Hochstresssituationen arbeiten, greifen auf Wenn-dann-Pläne oder Planentscheidungen zurück.

Wenn mich meine Kollegin wieder kurz vor Feierabend bittet, eine „wichtige" Aufgabe zu übernehmen, **dann** sage ich ihr, dass ich das gerne morgen erledige, jetzt aber nach Hause gehe.

Bei den Wenn-dann-Plänen ist es wichtig, dass wir auf unsere Vorbereitung aus dem letzten Schritt zurückgreifen können: die Unterscheidung von Problem (= eine Lösung ist für mich denk- und erreichbar) und Einschränkung (= für mich (noch) nicht lösbar oder zu schwer/zu aufwändig zu lösen). Denn die Pläne unterscheiden sich je nachdem, ob wir vor einer Einschränkung oder einem Problem stehen.

3.5.1 Umgang mit Problemen

Wenn wir für ein Problem einen Wenn-dann-Plan entwickeln wollen, ist es hilfreich, das Problem zu analysieren. Stellen Sie sich die bekannten W-Fragen: Wann tritt das Problem auf? Warum tritt es auf? Wer ist daran beteiligt? Wie lange hält es an? Wann hört es wieder auf? Was sind die möglichen Interessen der Beteiligten? Ziel ist es, über die Analyse bereits zu möglichen Lösungsansätzen zu kommen.

Als nächstes sollten Sie sich fragen, welche Ihrer Reaktionen in der Vergangenheit *nicht* zum gewünschten Erfolg geführt haben (dass Sie sich z.B. immer wieder bei den Kollegen beschwert oder innerlich aufgeregt haben, dass Sie laut geworden sind usw.). Wenn Sie wissen, was nicht funktioniert hat, dann ist es für Sie einfacher, dieses Verhalten beim nächsten Mal zu vermeiden. Und die noch spannendere Frage ist natürlich: Was haben Sie gemacht, was *wirklich* geholfen hat? Können Sie das wieder machen? Vielleicht in abgewandelter Form? Versuchen Sie, kreativ zu sein! Vielleicht hilft es Ihnen, wenn Sie enge Freunde oder Ihre Familie fragen – aber nur, wenn die Ihnen wirklich weiterhelfen können und wollen und selbst keinen Stressor für Sie darstellen.

Die W-Fragen helfen dabei, die Situation zu analysieren und mögliche Lösungen zu finden.

Häufig sind Menschen unzufrieden mit ihrer Situation und

wollen „nur weg". „Nur weg" ist aber ungefähr so konkret, als würden Sie ins Navi Ihres Autos eingeben: „nicht nach Köln". Damit kommen Sie nicht weit. Sie müssen eingeben, wo Sie hinwollen.

Versuchen Sie sich klarzumachen: Was wollen Sie erreichen? Was ist Ihr Ziel? Was ist das Ideal, das Sie anstreben?

Eine Übung aus der Hypnotherapie kann hier sehr hilfreich sein: Stellen Sie sich vor, dass Sie sich in einem Jahr mit Ihren besten Freunden treffen und gemeinsam feiern. Grund der Feier ist, dass Sie ein lang ersehntes Ziel erreicht haben. Alle Probleme (Sie erinnern sich: die Dinge, die Sie selbst ändern können!) sind weg. Sie stoßen mit einem Glas Sekt an und erzählen dabei Ihren Freunden, was sich im letzten Jahr alles verändert hat. Sie dürfen bewusst auch ein wenig mit Ihren Wünschen übertreiben. Ein Freund fragt Sie dann, wie Sie das alles geschafft haben. Er will wissen, was denn damals (also eigentlich heute) der Plan war und wie Sie die ersten Schritte gegangen sind. Und dann sollten Sie eine Antwort haben. Stellen Sie sich Ihren Weg konkret vor – und Sie erhalten wertvolle Hinweise, wo Sie jetzt ansetzen können.

Wenn in einem Jahr alle Ihre Probleme gelöst sind, was ist dann anders? Wie haben Sie es geschafft?

Schreiben Sie ganz konkret auf, wie Sie bei Stressoren, die Sie als Problem identifiziert haben, anders, lösungsorientierter, weniger stressbeladen agieren wollen. Dann probieren Sie diese neuen Verhaltensweisen aus und überprüfen, wie sie funktionieren. Denken Sie daran, dass manche Dinge ihre Zeit brauchen. Bleiben Sie am Ball, schauen Sie immer wieder auf

Ihre Aufstellung und Ihre Wenn-dann-Pläne, und passen Sie gegebenenfalls einzelne Aspekte an.

3.5.2 Umgang mit Einschränkungen

Was können Sie tun, wenn Sie Dinge identifiziert haben, die Sie nicht ändern können oder (derzeit) nicht ändern wollen – sei es, weil der Aufwand zu groß ist, sei es, weil Ihnen die Kraft fehlt, das Thema anzugehen?

Sicherlich haben Sie schon die Beobachtung gemacht, dass wir uns über solche Dinge aufregen. Was bringt uns das? Hand aufs Herz: meist nur, dass es uns schlechter geht. Unser Blutdruck steigt, unsere Herzfrequenz wird schneller, nachts lassen uns die Gedanken nicht zur Ruhe kommen, und wir können nicht mehr schlafen. Weil wir aber nichts Produktives tun können, sind wir einfach nur hilflos und ärgern uns weiter. An der eigentlichen Situation ändert dies aber rein gar nichts.

Grundsätzlich finde ich dabei den Satz „Erwartbares Verhalten ist erwartbar" sehr hilfreich. Wenn sich Menschen (wir selbst inklusive) in bestimmten Situationen immer wieder gleich verhalten haben, dann ist dieses Verhalten in der nächsten Situation auch wieder zu erwarten.

Was wäre ein gesundes Verhalten? Wenn wir die Situation geprüft und hinterfragt haben und zu dem Ergebnis gekommen sind, dass es sich (zumindest zu diesem Zeitpunkt) um eine Einschränkung handelt, bleibt nur eins: bedingungslose Akzeptanz!

Erinnern wir uns an die Gleichung: Stress ist gleich Stressor mal innere Bewertung durch Ressourcen. Wenn wir am Stressor nichts ändern können, müssen wir an unserer inneren Bewertung arbeiten. Gelingt es uns, die Bewertung in der Gleichung auf null zu reduzieren, dann ist das Ergebnis immer null. Also kein Stress!

Kann man das lernen? Ja! Ist es einfach? Nein! Aber es ist möglich!

Ein kleiner Exkurs in die Neurologie des Gehirns: Wenn wir Dinge lernen, dann beginnen unsere Nervenbahnen zusammenzuwachsen. Es bilden sich „Nervenautobahnen", insbesondere dann, wenn wir Dinge immer aufs Neue wiederholen. Fahrradfahren ist dafür ein gutes Beispiel. Wenn Kinder sich immer wieder auf das Rad setzen und üben, dann haben sie irgendwann den Dreh raus. Es sind genügend Nervenbahnen zusammengewachsen, und dies hält meist ein Leben lang.

Mit dem Denken ist es ähnlich: Wenn Sie einen Gedanken nur ein einziges Mal denken, dann wachsen nur einige wenige Nervenbahnen zusammen. Wenn der Gedanke dann nicht nochmal gedacht wird, löst sich die Verbindung bald wieder auf. Wenn aber Gedanken immer und immer wieder gedacht werden, dann bilden sich mit der Zeit feste Strukturen. Die Wahrscheinlichkeit, dass diese Gedanken dann wieder gedacht werden, ist hoch.

Das Gehirn formt Gedanken, und Gedanken formen das Gehirn!

Wenn wir uns also immer wieder über eine bestimmte Sache aufregen, dann bilden sich „Aufreger-Gedankenbahnen" in unserem Gehirn. Unsere Gedanken formen unser Gehirn, und unser Gehirn formt dann wieder unsere Gedanken. Wenn wir Akzeptanz lernen wollen, dann ist es wichtig, dass dies nicht durch eine einmalige Erkenntnis geschieht („Sich aufzuregen bringt nichts"), sondern dass es trainiert wird. Immer und immer wieder.

Das Erkennen und bewusste Gegensteuern (Wenn-dann-Pläne) gegen Ihre üblichen stressverstärkenden Gedanken sowie die folgenden Fragen und Anregungen können Ihnen helfen, schneller aus dem „Aufrege-Muster" auszusteigen.

Die Dusche-Frage: Mit wem stehen Sie morgens unter der Dusche? Mit Ihrem anstrengenden Chef und Ihren nervigen Kollegen? Diese Frage irritiert viele, wenn sie sie das erste Mal hören. Aber häufig ist es tatsächlich so: Wir stehen morgens auf und stellen uns unter die Dusche. Dann (häufig ohne dass wir es merken) wandern unsere Gedanken zu unserem Arbeitsplatz, und wir fangen an, uns, noch während wir unter der Dusche stehen, über unseren Chef und die Arbeitssituation aufzuregen. Wenn wir uns das bewusst machen, können wir unsere Gedanken ändern und zum Beispiel wieder das warme Wasser auf unserer Haut genießen.

Oft hilft es auch, sich die Frage zu stellen: Wie werden Sie über diese Situation in zwanzig Jahren denken? Vermutlich wird Ihnen bewusst, dass die Themen, die Sie jetzt gerade stressen, dann nicht mehr von Bedeutung sein werden. Überhaupt sind viele Aufreger unter dem Aspekt der eigenen Vergänglichkeit gar nicht mehr so bedeutsam. Wenn Sie morgen Mittag sterben würden – was wäre Ihnen bis dahin wirklich wichtig? Vermutlich würden Sie schnell zu Ihrer Familie oder Ihren Freunden fahren und mit denen Ihre letzten Stunden verbringen. Es geht bei der Frage nicht darum, was Sie jetzt konkret machen würden, sondern was Sie aus Ihrer Antwort über Ihre Prioritäten lernen können. Häufig merken wir erst, wenn wir über solche Fragen nachdenken, dass das Aufregen über Einschränkungen uns wichtige Kraft raubt, die wir an anderer Stelle besser investieren könnten. Auch wenn vielen die Gedanken an die eigene Vergänglichkeit eher unangenehm sind, haben diese Überlegungen mir und vielen meiner Klienten weitergeholfen.

Wenn ich den Stressor akzeptieren würde, was wäre dann anders? Diese Frage habe ich immer im Hinterkopf abrufbar. Sie kann uns, gerade bei unseren Einschränkungen im Alltag, dabei helfen, einen wichtigen Perspektivwechsel zu schaffen und darüber nachzudenken, wie unser Leben aussehen könnte, wenn wir Einschränkungen akzeptieren.

Der Psychiater Victor Frankl, einer der bedeutendsten Therapeuten des letzten Jahrhunderts, ist für mich ein absolutes Vorbild für echte Resilienz und die Fähigkeit, seine eigene Haltung zu den Dingen zu verändern. Frankl lebte von 1905 bis 1997. Er war Österreicher und Jude. 1942 wurde er von den Nazis gefangen genommen und ins Konzentrationslager Theresienstadt verschleppt. Dort wurde er Zeuge des Massenmordes der Nazis und erlitt selbst unglaubliches Leid und Qualen. Frankl überlebte das KZ und schrieb kurz nach seiner Befreiung ein Buch mit dem Titel „Trotzdem Ja zum Leben sagen – ein Psychologe erlebt das Konzentrationslager". Darin beschreibt er nicht nur das Erlebte, sondern beschäftigt sich vor allem mit der Frage, wie es ihm gelang, damit umzugehen, ohne psychisch zu zerbrechen. Ein zentraler Satz lautet dabei: „Die letzte der menschlichen Freiheiten besteht in der Wahl der Einstellung zu den Dingen." Das bedeutet, dass wir bei Dingen, die wir nicht verändern können, trotzdem entscheiden können, wie wir darauf reagieren. Wir können wütend werden oder resignieren – oder aber die Dinge akzeptieren und mit innerer Gelassenheit angehen.

Aus eigener Erfahrung weiß ich, dass es insbesondere bei Themen, die einen großen Einfluss auf uns haben, mitunter schwierig sein kann, die eigene Haltung zu verändern. Häufig geben uns Wut, Ärger und Frust über die Lehrer der Kinder, den Expartner oder die Kündigung zumindest ein kleines bisschen das Gefühl, der Situation nicht ausgeliefert zu sein. Aber: An der Situation selbst ändert sich nichts!

Wenn ich mal wieder im vollen Tunnelblick meines eigenen Mitleids bin, hilft es mir, mich an Frankl zu erinnern. Ihm war es im größten Leid eines KZs möglich, die eigene Haltung zu verändern und die Einstellung auf die Dinge zu hinterfragen.

Schreiben Sie Ihre Ideen und Ansätze zum Umgang mit Ihren Einschränkungen auf, und probieren Sie aus, was Ihnen dabei hilft, Ihren Stresspegel zu reduzieren.

Egal ob Sie an einem Problem arbeiten oder Ihre Einstellung gegenüber Einschränkungen versuchen zu verändern: Nehmen Sie sich die Zeit und feiern Sie Ihre Erfolge. Freuen Sie sich, wenn es Ihnen gelungen ist, Dinge anders zu machen, und klopfen Sie sich stolz auf die eigene Schulter. Durch diese Art der Reflektion stärken Sie Ihre neuen inneren Gewohnheiten.

Bei allen unseren Themen hilft ein Satz, den Henry Ford gesagt hat:

„Love it, change it or leave it."

Wenn Sie in eine Situation kommen, sollten Sie prüfen, ob Sie selbst die Kraft und den Einfluss haben, sie zu verändern. Und wenn ja: change it – verändere sie! Wenn sich die Situation nicht ändern lässt, dann sollten Sie die Option erwägen, zu gehen: leave it – verlasse sie! Natürlich müssen Sie in diesem Fall mit den Konsequenzen leben (Jobwechsel, Partner verlassen etc.). Wir sollten uns dabei aber ins Gedächtnis rufen, dass wir auch mit den Konsequenzen leben müssen, wenn wir bleiben (wir bekommen vielleicht Magengeschwüre, weil wir uns zu sehr aufgeregt haben). Wenn wir nicht gehen können (bei einer Einschränkung, etwa einer chronischen Erkrankung) oder wenn wir die Konsequenzen des „Verlassens" nicht in Kauf nehmen möchten, bleibt nur noch eine Option: love it – liebe die Situation! Wobei ich finde, dass hier ein take it – nimm sie an – auch ausreicht. Wichtig ist dabei aber ein Nachsatz, den ein Kollege von mir geprägt hat. Er heißt „Nimm es an – und schweige!" Mit anderen Worten: Wenn wir die Dinge annehmen, müssen wir auch aufhören, uns darüber aufzuregen und/oder zu jammern, und wirklich unseren Frieden damit machen.

4 Die Kraft gegen Stress – Resilienz

Resilienz ist ein Begriff, der bis vor Kurzem nur sehr wenigen bekannt war. Heute benutzen wir ihn oft und in ganz verschiedenen Zusammenhängen: Wir sprechen von „resilienter Politik" und „resilientem Journalismus". „Resiliente Wirtschaft" war sogar das Wirtschaftswort des Jahres 2022. In vielen Büchern wird Resilienz als *das* Gegenmittel schlechthin zu einer immer stressigeren Umgebung gehandelt.

Ursprünglich kommt das Wort aus der Materialforschung und beschreibt die Eigenschaft eines Materials, in seinen Ursprungszustand zurückzukehren, nachdem eine bestimmte Kraft auf es eingewirkt hat. Bambus ist beispielsweise ein sehr resilientes Material: Bei starkem Wind wird eine Bambuspflanze fast auf den Boden gedrückt; sobald der Wind aber nachlässt, kehrt das Rohr in seine ursprüngliche Form zurück.

In der Psychologie und der Soziologie hat vor allem die Amerikanerin Emmy Werner den Begriff geprägt. In den 1950er-Jahren führten sie und ihre Kollegen eine der ersten Langzeitstudien durch. Untersucht wurde ein ausgewählter Jahrgang von Menschen, die auf Hawaii geboren wurden. Über einen sehr langen Zeitraum hat sie diese Menschen beobachtet und immer wieder befragt. Damals war Hawaii noch keine Urlaubsinsel mit vielen Touristen und entsprechend viel Geld. Im Gegenteil: Die Menschen waren im Durchschnitt eher arm oder lebten sogar in prekären Verhältnissen. Aus Forschungen wusste man, dass diese Menschen tendenziell krankheitsanfälliger und in ihrer allgemeinen Grundstimmung eher negativ und pessimistisch sind und kürzer leben. Daher war Emmy Werner sehr überrascht, als sie feststellte, dass einige der Menschen gesünder, zufriedener und glücklicher waren, als sie es aufgrund ihrer Lebenssituation vermutet hatte. Sie befragte diese Gruppe weiter und konnte einige Faktoren identifizieren, die diese Menschen anders machten. Einer der wichtigsten war der Umgang mit Schwierigkeiten. Werner fand heraus, dass viele eine optimistische Grundhaltung hatten, auch und gerade in Krisensituationen. Es schien ihnen außerdem nicht schwer zu fallen, Dinge zu akzeptieren, die sie nicht ändern konnten.

Erinnern Sie sich an die Stress-Gleichung (siehe Kapitel 1):

$$\frac{\text{Stressoren x Innere Bewertung}}{\text{Ressourcen}} = \text{Stress}$$

Da es im Leben dieser Menschen viele Stressoren gab, die Menschen aber nur wenig davon gestresst waren, folgerte Werner, dass sie ihre Stressoren innerlich niedrig bewerteten. Sie waren resilienter gegenüber Stress.

Anfangs beschäftigte sich die Resilienzforschung im Bereich der Psychologie und der Soziologie vor allem mit der Frage, wie wir mit Krisen, also wirklich lebensverändernden Situationen wie Traumata, dem Verlust von nahen Angehörigen u.ä., umgehen. Mittlerweile wird Resilienz aber auch als Widerstandsfähigkeit gegenüber alltäglichem Stress verstanden.

Unter Resilienz verstehen wir heute in der Psychologie die Widerstandsfähigkeit gegenüber Stress.

Im folgenden Kapitel gebe ich Ihnen eine Übersicht über Resilienz, die sich bereits beim Fötus, im Bauch der Mutter, entwickelt und in den ersten Lebensjahren eine wesentliche Prägung erfährt. Ich erkläre

Ihnen die körperlichen Merkmale, vor allem im Gehirn, in denen sich resiliente und weniger resiliente Menschen unterscheiden.

Resilienz ist nicht statisch, sie ist keine Eigenschaft, die man hat oder eben nicht hat. Sie kann in bestimmtem Rahmen erlernt und trainiert werden – trotz möglicher schwieriger Startbedingungen. Wie das funktionieren kann, zeige ich Ihnen in Kapitel 5.

4.1 Was macht Menschen resilient?

Neben der Veranlagung, die wir vererbt bekommen, sind vor allem der Stresspegel der Mutter im letzten Drittel der Schwangerschaft und die ersten Lebensjahre für die Resilienz eines Menschen ausschlaggebend. Wenn die Mutter während der Schwangerschaft viel Stress erlebt, werden Stresshormone durch die Plazenta an das Kind weitergegeben. Dieser hohe Stresshormonpegel führt dazu, dass das Kind im Laufe seines Lebens auf äußere Stressoren mit einer stärkeren Stressreaktion reagiert.

Die Resilienz eines Menschen wird u.a. durch die genetische Disposition, den Stresshormonpegel vor der Geburt und in den ersten Lebensjahren geprägt.

Den evolutionär biologischen Sinn erkennt man am besten an einem Beispiel aus dem Tierreich: Stellen Sie sich vor, auf einem Bauernhof leben viele hungrige Katzen, die vom Bauern nur wenig gefüttert werden. Die Katzen sind deshalb auf der Jagd nach Mäusen. Alle Mäuse auf dem Bauernhof leben in ständiger Gefahr, von einer der vielen Katzen gejagt und gefressen zu werden. Das bedeutet, dass die Mäuse im Stress sind. Ist ein Mäuseweibchen trächtig, dann werden die Stresshormone auf ihre noch in der Gebärmutter befindlichen Kinder übertragen. Sobald die Mäusekinder zur Welt kommen, sind auch sie in Gefahr. Es ist daher von großem Vorteil, wenn ihr Stresssystem schnell anspringt – auch wenn es das manchmal umsonst tut. Lieber einmal zu viel gestresst als gefressen zu werden.

Umgekehrt wird eine Maus, die auf einem Bauernhof mit einer altersschwachen, gut vom Bauern gefütterten Katze lebt, ihren Stresspegel nicht so schnell hochfahren müssen, da die Bedrohungen seltener und in der Regel nicht so dramatisch sind. Alles ist also eine Frage der Energie und des Nutzens.

Sollten wir also unsere Kinder von jeder Form von Stress abschirmen, damit sie resilienter werden? Machen es die sogenannten Helikopter-Eltern also richtig? Nein – um einen optimalen Umgang mit den Widrigkeiten des Lebens zu erlernen, sollten Kinder immer wieder in Situationen der leichten Überforderung gebracht werden – gerade so weit, dass das Kind es aus eigener Kraft schaffen kann. Am besten geschieht das mit der Sicherheit eines Bezugsmenschen, der dem Kind ebendieses Gefühl vermittelt: „Du schaffst das – und wenn nicht, dann bin ich da und fange dich auf."

Weniger resiliente Menschen reagieren stärker auf äußere Stressoren.

Für Erwachsene ist diese prägende Zeit schon vorbei. Heißt das, dass wir dann an unserer Resilienz nichts mehr ändern können? Nein! Auch im Alter können wir unsere Widerstandsfähigkeit anpassen.

4.2 Was ist bei resilienten Menschen auf körperlicher Ebene anders?

In den letzten Jahren wurden im Bereich der Resilienzforschung viele spannende Entdeckungen gemacht. Insbesondere konnten bestimmte körperliche Merkmale identifiziert werden, in denen sich resiliente Menschen von weniger resilienten unterscheiden.

Bei der Beschreibung der Stressreaktion in Kapitel 2.1 hatten wir das Beispiel mit dem Hund, der plötzlich vor Ihnen steht und kurz davor ist, auf Sie loszugehen. Ich habe beschrieben, dass die Reize, die auf uns wirken, durch das Tor des Bewusstseins (Thalamus) vorgefiltert werden. Die allermeisten Eindrücke werden dabei sofort aussortiert, und nur ein Bruchteil wird in den Bereich des Frontalhirns weitergeleitet. Dies ist der Bereich des Gehirns, der für bewusstes, sachlogisches Denken zuständig ist. Im akuten Stress wird dieser Bereich mehr oder weniger komplett „ausgeschaltet" – aber nicht bei allen Menschen.

Der Grund dafür ist, dass resiliente Menschen über mehr Nervenbahnen verfügen, die zurück in die Stresszentrale, die Amygdala, führen. Sie sind deshalb in der Lage, Stressreaktionen zumindest teilweise wieder herunterzufahren. Mit anderen Worten: Resiliente Menschen können bewusst einen Moment innehalten und so den Zeitraum zwischen Reiz und Reaktion verlängern. So erhalten sie eine Art der Wahlfreiheit: Will ich mich wirklich aufregen? Was habe ich für Möglichkeiten? Was kann ich anders machen? Sich solche Fragen in einer Stresssituation überhaupt stellen zu können, eröffnet neue Perspektiven und Möglichkeiten.

Ein weiterer Aspekt der Resilienz auf körperlicher Ebene wird in den Zielorganen für Stresshormone sichtbar. Wenn der Körper Stresshormone ausschüttet, dann finden diese an den jeweiligen Zielorganen (Herz, Lunge etc.) „Bindungsstellen". Das funktioniert wie eine Art Schlüssel, der sein passendes Schloss sucht. Erst wenn der Schlüssel (das Stresshormon) das Schloss (die Bindungsstelle) findet, erhöht sich beispielsweise der Blutdruck bzw. die Herzfrequenz. Menschen, die schneller gestresst sind, verfügen über eine deutlich größere Anzahl an Bindungsstellen als Menschen, die weniger schnell gestresst, die also resilienter sind. Der Körper schüttet bei beiden zwar die gleiche Menge an Stresshormonen aus, die weniger resilienten reagieren aber intensiver, da hier mehr Schlüssel ihre Schlösser finden. Dementsprechend steigt bei diesen Menschen schneller die Herzfrequenz – und damit der Stresspegel.

Resilientere Menschen merken schneller, wenn ihr Stresspegel steigt, und können früher gegensteuern.

Außerdem gibt es bei resilienten und weniger resilienten Menschen Unterschiede im zentralen Nervensystem. Die Stresshormone unterliegen Regelkreisen. Das bedeutet, dass der Körper die Höhe der Stresshormonkonzentration misst. Diese Messstelle liegt mitten im Gehirn. Bei resilienten Menschen ist die Konzentration der Messfühler deutlich größer als bei weniger resilienten. Die Folge ist, dass diese Menschen schneller erkennen, wenn ihr Stresspegel steigt, und deshalb früher gegensteuern können. Weniger resiliente Menschen reagieren dagegen weniger schnell auf steigende Hormonkonzentrationen. Erst wenn der Stresshormonspiegel relativ hoch ist, kommt der Messfühler zum

Einsatz und reguliert die Konzentration der Hormone wieder herunter.

Use it or loose it! Resilienz kann man trainieren! Man kann sie aber auch verlernen.

Alle beschriebenen körperlichen Resilienz-Fähigkeiten sind veränderbar! Sowohl in die eine als auch in die andere Richtung. Der entscheidende Satz hier lautet: „Use it or loose it!" Werden die besagten Bereiche nicht genutzt, bilden sie sich zurück.

4.3 Wie kann man Resilienz trainieren?

Was bedeutet „Use it or loose it!" in der Praxis? Wie kann man Resilienz trainieren? Um die Frage zu beantworten, müssen wir die psychologischen Aspekte der Resilienz betrachten. Grundsätzlich sind resiliente Menschen in der Lage, anders und vor allem konstruktiver mit ihren Emotionen umzugehen. Dabei spielt es eine große Rolle, worauf wir unseren Fokus legen.

Wie wir beim Umgang mit Problemen und Einschränkungen im Stress-Inventar (Kapitel 3.5) gesehen haben, ist es entscheidend, seine Energien klug zu steuern. Regen wir uns schnell über Dinge auf, dann steigt auch unser Stresspegel verhältnismäßig schnell an. Emmy Werner konnte in ihren Untersuchungen zeigen, dass Optimismus, die Akzeptanz von Dingen, die wir nicht ändern können, und die Fähigkeit, mit Problemen gut umgehen zu können, wichtig sind, um unsere Resilienz zu stärken.

Wenn wir diese Kompetenzen regelmäßig üben und anwenden, kann etwas sehr Interessantes passieren: Unsere körperlichen Strukturen können sich ändern. Die Andockstellen für die Stresshormone an den Zielorganen können abnehmen, aber auch Strukturen im Gehirn können sich anpassen. Der für die Stressreaktion zuständige Bereich, die Amygdala, nimmt im Volumen ab, was dazu führt, dass sie nicht so schnell und so intensiv anspringt wie vorher.

Psychologische Faktoren haben also einen Einfluss auf unsere körperlichen Strukturen. Ebenso andersherum: Körperliche Faktoren beeinflussen unsere Stimmung. Um resilientes Verhalten im Alltag anzuwenden, hilft es, die fünf Schritte des resilienten Verhaltens zu berücksichtigen:

1 innehalten
2 Optionen bedenken
3 Optionen auf Schwierigkeiten und Hindernisse hin überprüfen
4 Wege zur Umsetzung suchen und gehen
5 sich über das Erreichte freuen

All diese aus wissenschaftlicher Sicht gesicherten Erkenntnisse haben wir bei den Schritten im Inventar, aber auch beim Aufbau der persönlichen Ressourcen (Kapitel 5) berücksichtigt. Ich denke, dass die beiden ersten Schritte die wichtigsten, aber auch die schwersten sind. Wenn wir es schaffen, den Raum zwischen Reiz und Reaktion zu vergrößern, dann wird es uns leichter fallen, Wege und Optionen zu suchen und zu erkennen. Die nächsten Schritte des resilienten Verhaltens werden umso einfacher.

Wichtige Regel in Stresssituationen: innehalten, durchatmen und sich innerlich zulächeln.

Schreiben Sie sich die fünf Schritte des resilienten Verhaltens auf und hängen Sie sie über Ihren Schreibtisch (oder wo auch immer Sie sie regelmäßig sehen). Und üben Sie es, so oft Sie können.

4.4 Die weiteren Bausteine der Resilienz

Wir haben uns intensiv mit den psychologischen Faktoren der Resilienz beschäftigt, und für viele Experten wäre das Thema damit ausreichend besprochen. Auch ich bin lange davon ausgegangen, dass es reicht, bei der Stärkung unserer Resilienz die psychologischen Aspekte zu berücksichtigen.

Dabei ist das Ganze deutlich komplexer: Studien zeigen, dass unsere Resilienz von weiteren Faktoren abhängt.

4.4.1 Biologische Resilienz

Die Veränderung der Widerstandskraft kann auch durch unser alltägliches Verhalten positiv gestärkt werden. Mit einem gesunden Ernährungsverhalten und täglicher Bewegung können wir aktiv dazu beitragen.

4.4.1.1 Ernährung

Dass die Ernährung eine positive Rolle bei der Resilienz spielt, wird klar, wenn wir uns fragen, wann wir uns fitter, gesünder und mental robuster fühlen: Wenn wir uns vorwiegend vegetarisch ernähren und viel auf Hülsenfrüchte, Nüsse, Obst und Gemüse setzen? Oder wenn wir jeden Tag Fast Food mit viel Zucker essen, ohne Ende Kaffee trinken und uns jeden Abend ein Glas Wein gönnen?

Meist spüren wir selbst, dass gesunde Ernährung extrem hilfreich ist für unser physisches und psychisches Wohlbefinden, und brauchen dafür gar keine wissenschaftlichen Erkenntnisse.

Wenn Sie sich selbst stärken wollen, dann versuchen Sie die „Klassiker":

- zuckerarme Kost
- reichlich Gemüse und Obst
- viele Hülsenfrüchte
- wenig Fleisch
- wenig Alkohol
- Alpha-Omega-3-Fettsäuren

Außerdem weiß man aus Studien, dass Intervallfasten sehr dabei hilft, die Widerstandsfähigkeit zu steigern. Eine beliebte Variante ist, dass 16 Stunden nichts Kalorienhaltiges zu sich genommen und nur in den verbleibenden acht Stunden etwas gegessen wird.

Um die Ernährung und das Ernährungsverhalten besser beurteilen zu können, empfehle ich meinen Patienten eine ausführliche Körpergewichtsanalyse. Wie hoch ist der reale Muskelanteil, wie hoch der des Körperfetts? In diesem Kontext kann auch der Body-Mass-Index, der nur Größe und Gewicht einbezieht, besser beurteilt werden.

Weiterhin ist ein Ernährungstagebuch sehr hilfreich. Darin wird über ein bis zwei Wochen eingetragen, wann die Patientin/der Patient was und in welchen Mengen zu sich nimmt. Isst sie/er zu viel in stressigen Phasen? Oder auch zu wenig? Wie viel nimmt sie/er zwischendurch zu sich?

Diese Analysen helfen, da bereits durch das Bewusstwerden des Ernährungsverhaltens vieles verändert werden kann. Manchmal sind auch ausführlichere Analysen der Mikronährstoffe, wie zum Beispiel des Vitaminstatus oder des Anteils der Spurenelemente im Körper, Teil meiner stressmedizinischen Untersuchung.

4.4.1.2 Bewegung

Dass Bewegung wichtig ist, weiß man schon lange. Inzwischen hat man aber auch herausgefunden, warum das so ist. Wenn wir gut trainiert sind, erhöht sich im Körper die Anzahl der Myokine. Das sind Botenstoffe, also Hormone, die unser Muskelgewebe produziert, und sie sind ein echter Jungbrunnen. Unter anderem sind die Myokine extrem erfolgreiche Gegenspieler der Stresshormone. Sie verbessern unseren Kreislauf und stärken unsere Abwehrkräfte gegen Viren, Bakterien und andere Krankheitserreger.

Es empfiehlt sich eine Mischung aus Ausdauer- und Kraftsport – wobei mit zunehmendem Alter der Muskelaufbau wichtiger und Ausdauertraining weniger wichtig werden. Im Vordergrund sollte aus meiner Sicht dabei immer stehen, dass die Bewegung Ihnen Spaß und Freude macht. Auch regelmäßige Spaziergänge sind sehr hilfreich. Wenn Sie wählen können, ob Sie durch die Straßen Ihrer Stadt oder durch einen Wald gehen – gehen Sie lieber durch den Wald. Der Stresshormonpegel ist nach einem Waldspaziergang signifikant niedriger als nach einem Spaziergang durch die Stadt.

> **Durch Bewegung und gesunde Ernährung können wir unsere Resilienz stärken.**

Aber auch Dinge wie regelmäßiges Saunabaden oder das morgendliche kalte Abduschen nach der warmen Dusche steigern nachweislich die Widerstandsfähigkeit.

4.4.2 Sozialleben

Das Sozialleben spielt eine entscheidende Rolle dabei, schwierige Lebenssituationen zu bewältigen und gestärkt aus ihnen hervorzugehen. Unsere zwischenmenschlichen Beziehungen sind nicht nur ein wesentlicher Bestandteil unseres Lebens, sondern auch ein bedeutender Faktor für unsere psychische und emotionale Widerstandsfähigkeit. Studien haben gezeigt, dass Menschen, die über ein stabiles soziales Netzwerk verfügen, besser mit Stress umgehen können und sich nach Belastungen schneller erholen. In einer Studie fanden Julianne Holt-Lunstad und ihre Kollegen an der Brigham Young University heraus, dass soziale Isolation und Einsamkeit das Sterberisiko um mehr als 50 Prozent erhöhen können. Das ist vergleichbar mit den Auswirkungen von Rauchen oder Fettleibigkeit und beweist eindrücklich, wie wichtig soziale Kontakte für unsere psychische und physische Gesundheit sind.

Ein weiteres Forschungsprojekt, geleitet von George Bonanno an der Columbia University, hat gezeigt, dass Menschen, die nach traumatischen Ereignissen soziale Unterstützung erhalten, eine höhere Wahrscheinlichkeit haben, ihre Resilienz zu stärken und eine positive Anpassung an die neuen Herausforderungen zu erreichen. Dies unterstreicht die Bedeutung von Familie, Freunden und anderen vertrauten Personen in schwierigen Zeiten.

Doch wie genau beeinflusst unser soziales Leben unsere Resilienz?

Es gibt mehrere Schlüsselaspekte:

- Emotionale Unterstützung: In engen Beziehungen können wir unsere Gefühle ausdrücken und Unterstützung erhalten, wenn wir sie benötigen. Dies hilft uns dabei, Stress abzubauen und unsere emotionalen Belastungen zu bewältigen. Ein vertrauenswürdiger Freund oder ein Familienmitglied kann uns oft gut unterstützen.

- Soziale Integration: Eingebettet zu sein in eine soziale Gemeinschaft gibt uns ein Gefühl der Zugehörigkeit, Verbundenheit und des Vertrauens. Wir wissen, dass wir nicht alleine sind und dass wir in schwierigen Zeiten auf andere zählen können. Diese Sicherheit stärkt unsere Resilienz.

- Kommunikation und Perspektivenwechsel: In unseren sozialen Beziehungen können wir Ideen und Gedanken austauschen. Das hilft uns, Probleme aus verschiedenen

Blickwinkeln zu sehen und kreative Lösungen zu finden. Der Gedankenaustausch mit anderen erweitert unseren Horizont und fördert unsere psychische Flexibilität.

- Rückhalt in Krisenzeiten: Wenn wir mit Herausforderungen konfrontiert sind, seien es beruflicher Stress, eine Krankheit oder persönliche Verluste, können unsere sozialen Kontakte als Rettungsanker dienen. Der emotionale Beistand und die praktische Hilfe von Familie und Freunden können den Unterschied zwischen Überwindung und Verzweiflung ausmachen.

Ganz wichtig ist jedoch: Nicht nur die Quantität, sondern auch die Qualität unserer sozialen Beziehungen ist von Bedeutung. Eine tiefe, unterstützende Freundschaft kann mehr bewirken als oberflächliche Kontakte zu vielen Menschen. Es geht nicht darum, möglichst viele Freunde zu haben, sondern darum, vertrauensvolle Beziehungen aufzubauen.

In einer Zeit, in der soziale Medien und virtuelle Verbindungen immer präsenter werden, sollten wir nicht vergessen, wie wichtig persönliche Face-to-Face-Beziehungen sind. Studien haben gezeigt, dass persönliche Treffen und physische Umarmungen eine tiefere emotionale Wirkung haben als digitale Interaktionen.

Suchen Sie also Ihre Freunde, Bekannten und Familienmitglieder auf, pflegen und vertiefen Sie Ihre persönlichen Kontakte.

4.4.3 Sinnerleben – Werte, Glauben und Lebenssinn

Welche Werte steuern uns? Welche inneren Überzeugungen leiten uns? Was ist uns wirklich wichtig in unserem Leben? Woran glauben wir? Und welchen Stellenwert haben vielleicht Religion und/oder Spiritualität für uns?

Viele Menschen ertragen Stress leichter, wenn sie sich auch diese Fragen stellen und für sich Antworten zu Sinnhaftigkeit und Bedeutsamkeit finden. Denn wie hat es Victor Frankl treffend gesagt: „Wer ein Warum hat, erträgt fast jedes Wie."

Durch die enorme Beschleunigung, die wir erleben, merken wir meist erst spät (oder gar nicht), dass es auch etwas anderes gibt als unsere endlosen To-do-Listen. Erst wenn wir zum Beispiel mit einer schweren Erkrankung konfrontiert sind oder mit dem Verlust eines Familienmitglieds oder Freundes, fangen wir (manchmal) an, uns und unser Handeln zu hinterfragen. Warum mache ich das alles eigentlich? Und warum mache ich es in dieser Art und Weise?

Eine gute Übung schlägt der Autor Stephen R. Covey in seinem Buch „Die sieben Wege der Effektivität" vor: Er rät seinen Lesern sich vorzustellen, dass sie an ihrer eigenen Beerdigung teilnehmen und hören, was andere Menschen über sie sagen.

Wir sollten unser Handeln immer wieder hinterfragen: Was treibt uns eigentlich an?

Im Mittelpunkt dieser Übung steht die Frage: Was für ein Mensch möchte ich sein? Wie sollen mein Partner, meine Kinder, meine Freunde, aber auch meine Arbeitskollegen und meine Chefs mich später einmal in Erinnerung behalten? Kurz: Was ist mir wirklich wichtig im Leben?

Ich habe diese und ähnliche Übungen mit vielen Klienten und Seminarteilnehmerinnen gemacht. Häufig sehe ich am Anfang große Skepsis. Wer will schon an der eigenen Beerdigung teilnehmen und die eigenen Grabreden hören? Lässt man sich aber auf diese Übung ein, dann ist man meist doch sehr bewegt und häufig auch motiviert, Dinge zu verändern.

Ich selbst versuche regelmäßig, mir Auszeiten zu nehmen, in denen ich, meist alleine, mehr zu mir selbst kommen kann. Meditation, Reflektion und das Hinterfragen der Dinge, die mir wichtig sind, stehen dabei im Vordergrund. Nicht immer ist das, was ich erkenne, schön – insbesondere wenn ich feststelle, dass ich mich wieder habe treiben lassen von Dingen, die zwar anderen wichtig waren, aber nicht mir selbst. Aber ich empfinde in diesen Auszeiten auch immer große Dankbarkeit für die Möglichkeit der Veränderung und für die Dinge, die ich sonst meist achtlos „mitnehme" und nicht reflektiere.

Ich bin gesund, habe eine tolle Familie und einen Beruf, der mich erfüllt. Natürlich gibt es auch Probleme, und ich kenne das Gefühl, dass es mir noch besser gehen könnte und dass andere mehr haben als ich. Aber ich kultiviere das Gefühl von Dankbarkeit für die Dinge, die gut und schön sind – und sofort bin ich zufriedener.

Dankbarkeit verändert unsere Sichtweise.

Probieren Sie es aus: Nehmen Sie sich zehn Kaffeebohnen (oder etwas Vergleichbares) und stecken Sie sie in Ihre linke Hosentasche, bevor Sie morgens das Haus verlassen. Jedes

Mal, wenn Sie etwas sehen, erleben oder denken, wofür Sie dankbar sein können, dann stecken Sie eine Bohne von der linken Tasche in die rechte. Am Abend sollen alle Bohnen in der rechten Tasche sein. Sind sie es nicht, dann denken Sie über den Tag nach und reflektieren Sie die Dinge, die gut gelaufen sind, auch wenn der Anlass vielleicht nur sehr gering war. Und jedes Mal wechselt eine Bohne die Tasche.

Je mehr wir diese Haltung der Dankbarkeit kultivieren, desto achtsamer werden wir im Alltag und lernen, aus unserem Hamsterrad auszusteigen.

Ab Seite 97 finden Sie einen Test, mit dem Sie Ihre psychologischen Resilienz-Faktoren testen können.

5 Eigene Ressourcen aufbauen

Wie können wir den eigenen Stress noch besser bewältigen? Wie können wir mehr Einfluss auf unser Stress-Erleben nehmen?

Wenn Sie die Stress-Gleichung wieder als Grundlage betrachten, wie sich Stress-Erleben zusammensetzt, dann gibt es die drei Größen: die Stressoren, die Bewertung, und die eigenen Ressourcen.

$$\frac{\textbf{Stressoren x Innere Bewertung}}{\textbf{Ressourcen}} = \textbf{Stress}$$

Mithilfe des Stress-Inventars konnten Sie Ihre Stressoren genauer identifizieren und gewichten. Auch die inneren Bewertungsmuster, Widerstand und Druck sind Ihnen klarer geworden. Sie haben Anleitungen erhalten, wie Sie beeinflussbare und nicht beeinflussbare Themen angehen und wie Sie Lösungsstrategien und Wenn-dann-Pläne in die Hand nehmen. Jetzt geht es um die Ressourcen, also die Faktoren, die unseren Energie-Akku wieder auffüllen und uns Kraft geben, die unser Stress-Erleben auffangen und reduzieren.

Es sind grundsätzlich die gleichen Bausteine, die auch die Basis der Resilienz bilden. Zum Beispiel: regelmäßiger Sport und Bewegung, gesunde Ernährung, gutes Sozialleben und psychologisches Gleichgewicht sowie die Auseinandersetzung mit Sinn und den eigenen Werten. Bei den Ressourcen liegt der Schwerpunkt auf den Dingen, die Ihnen Freude bereiten und die Ihnen guttun.

In diesem Kapitel betrachten wir zuerst, warum es uns häufig so schwerfällt, uns gut um uns zu kümmern, bevor es dann darum geht, die guten Vorsätze konkret in unseren Alltag zu integrieren, um nachhaltig gesund zu bleiben.

5.1 Die paradoxe Stressreaktion

Warum fällt es uns so schwer, die (eigentlich) schönen Dinge im Alltag auch umzusetzen? Selbst wenn wir wissen, was uns guttut, tun wir es häufig viel zu wenig. Wieso gehen wir so paradox mit uns um?

Wir kommen nach einem stressigen Tag nach Hause und wissen eigentlich, dass wir uns wohler fühlen würden, wenn wir gleich zum Sport aufbrechen würden. Aber wir legen uns auf die Couch und bleiben vor dem Fernseher hängen. Wir wissen, dass uns gesunde Ernährung guttut – und bestellen trotzdem das Pizzataxi. Wir wissen, dass ein Gespräch mit unseren Lieben jetzt genau das Richtige wäre – trotzdem durchforsten wir die Streamingdienste und haben nach einer halben Stunde immer noch nicht das richtige Programm gefunden.

Es gibt Erklärungsansätze, die uns helfen können, uns besser zu verstehen. Wenn wir sie kennen, haben wir eine gute Grundlage, um konstruktive Wege im Umgang mit unserem paradoxen Verhalten zu finden.

- In Stress-Situationen werden Hormone wie Cortisol und Adrenalin ausgeschüttet, die kurzfristig unsere Energie und unseren Fokus erhöhen, um mit Bedrohungen umzugehen. Diese Reaktion kann jedoch auch zu impulsivem Verhalten und einer **Verringerung der Selbstkontrolle** führen. Wir geben uns dann leichter ungesunden Gewohnheiten wie zu viel Essen, Alkohol- oder Tabakkonsum oder übermäßigem Medienkonsum hin.

- Unser Gehirn ist darauf programmiert, positive Reize zu suchen und sich bei Erschöpfung oder Frust zu belohnen. Junk-Food oder Alkohol vermitteln uns schnell ein angenehmes Gefühl und dienen als **Bewältigungsmechanismus**, um Stress (scheinbar) abzubauen. Wir erleben schnell ein vordergründig gutes Gefühl – durch die körpereigenen Belohnungssysteme, die durch bestimmte Botenstoffe gesteuert werden. Leider wirkt das aber eher wie ein Teufelskreis und verstärkt sich selbst. Die innere Anspannung nimmt nicht ab, der Stress bleibt.

- In stressigen Zeiten fühlen wir uns oft überlastet und haben das Gefühl, keine Zeit für Selbstfürsorge zu haben. Die Erschöpfung kann dazu führen, dass wir nach **einfachen und schnellen Lösungen** suchen, statt uns mit gesünderen Alternativen zu befassen.

- Fernsehen und Computerspiele können dazu dienen, unangenehme Gedanken oder Gefühle vorübergehend **zu verdrängen**. Statt uns mit den eigentlichen Ursachen des Stresses auseinanderzusetzen, lenken wir uns ab, indem wir uns in einer virtuellen Welt verlieren.

Dazu kommt, dass in einigen Gesellschaften und sozialen Kreisen der Konsum von ungesunden Lebensmitteln und

Medien als normal betrachtet wird. Dies kann zu einer sozialen Akzeptanz und mangelnder Hinterfragung dieser Verhaltensweisen führen, besonders wenn alle um uns herum sich ähnlich verhalten.

Aus all diesen Gründen ist unser „paradoxes" Verhalten also nachvollziehbar – aber leider auf längere Sicht nicht gut für uns. Der gängigste Weg, mit diesen Gewohnheiten umzugehen, besteht nun meist darin, dass wir uns zusätzlich über uns selbst und unser Verhalten ärgern. „Eigentlich müsste ich jetzt Sport machen, ich bin aber viel zu faul."

Um mit diesem Verhalten anders umzugehen, sollten wir unsere innere Stimme, unsere inneren Bewertungsmuster ändern. Ich bin ein großer Freund davon, freundlich mit sich selbst umzugehen. Selbst wenn Sie auf dem Sofa liegen und sich nicht mehr aufraffen können oder wollen: Bleiben Sie freundlich mit sich selbst. Der Stresspegel wird deutlich erhöht, wenn Sie sich selbst abwerten. Manchmal haben wir einfach nicht die Energie, uns zu bewegen. Und wenn das so ist, dann genießen Sie zumindest die Situation!

Kultivieren Sie einen freundlichen Umgang mit sich selbst – auch wenn nicht immer alles gerade verläuft.

Trotzdem sollten wir uns natürlich nicht jeden Abend aufs Sofa legen. Aber was können wir tun, damit diese Gewohnheit nicht zum Dauerzustand wird?

5.2 Einschätzen des eigenen Energielevels

Da wir im Stress häufig den Kontakt zu uns selbst verlieren, sind regelmäßige Reflektionen sehr hilfreich. Um dabei strukturiert vorzugehen, können Sie eine recht aktuelle Erkenntnis der Burnout-Forschung nutzen und ein wenig abwandeln.

Die Diagnostik eines Burnouts erfolgt häufig mithilfe eines Fragebogens. Neue Erkenntnisse zeigen, dass der Burnout-Zustand fast genauso gut eingeschätzt werden kann, wenn man Probanden ein Bild mit acht Streichhölzern zeigt. Dabei sind die Streichhölzer von links nach rechts immer weiter abgebrannt: Links ist nur die Spitze verbrannt, rechts das komplette Streichholz. Nun sollen die Befragten angeben, welches der acht Streichhölzer am besten ihren eigenen „ausgebrannten" Zustand widerspiegelt. Frappierenderweise passen die Antworten in der Regel extrem gut zu den Ergebnissen der vorher ausgefüllten Fragebögen und zur Einschätzung der Behandler.

Ich möchte Ihnen eine etwas abgeänderte Version empfehlen: Fragen Sie sich, wie voll oder leer Ihr Energie-Akku ist. Wie fühlen Sie sich heute? Wie ist Ihr Akku-Stand beim Blick zurück auf die vergangene Woche? Konnten Sie gut das Gleichgewicht zwischen An- und Entspannung leben? Waren Sie zu oft oder zu lange im roten Bereich? Diese Einschätzungen helfen Ihnen, Ihre Selbstwahrnehmung und ein Gefühl für Ihr Energielevel zu entwickeln. Dies wird mit der Zeit immer leichter und bildet die Grundlage für den nächsten Schritt: das Auffüllen des Akkus.

Das Reflektieren des Energie-Akkus ist hilfreich für die Selbstwahrnehmung.

Aber Achtung: Sollten Sie das Gefühl haben, dass Sie keine Kraft mehr haben und gar keinen Antrieb, dann sprechen Sie bitte mit Ihrem behandelnden Arzt. Dies könnte ein Hinweis für eine Erkrankung sein.

5.3 Die Erhöhung des eigenen Energielevels

Die folgende Übung kann Ihnen helfen herauszufinden, was Ihnen Spaß und Freude bereitet und wie Sie das in Ihren Alltag integrieren können. Dabei werden auch die Hindernisse und Schwierigkeiten eine wichtige Rolle spielen. Denn nur wenn wir vorher erkennen, was uns hindert, unseren Akku aufzufüllen, werden wir in der entsprechenden Situation Wege finden, damit konstruktiv umzugehen.

5.3.1 Wo stehen Sie gerade?

Stellen Sie sich die Energie-Frage regelmäßig. Am Anfang täglich, mit mehr Erfahrung reicht es ein- bis zweimal pro Woche. Dann wird sich Ihre Selbstwahrnehmung rasch verbessern.

5.3.2 Was sind Ihre persönlichen Kraftquellen? Was machen Sie gern? Und was tut Ihnen gut?

Für diese Übung brauchen Sie ein paar Blatt Papier, einen Stift und etwa 30 bis 40 Minuten Ruhe. Setzen Sie sich gern in die Natur oder in Ihr Lieblingscafé. Versuchen Sie, Störungen so weit wie möglich zu reduzieren.

Nun unterteilen Sie Ihr Papier in drei Bereiche:

- Was machen Sie bereits, was Ihnen guttut?

- Was haben Sie in der Vergangenheit gemacht, was Ihnen gutgetan hat, was Sie nun aber nicht mehr (oder nicht mehr regelmäßig) machen?

- Welche neuen Ideen haben Sie? Was, glauben Sie, könnte Ihren Akku auffüllen und Ihnen Freude bereiten?

Um das Füllen Ihres Akkus gut zu planen, ist Struktur hilfreich. Dafür können Sie die folgenden Kategorien nutzen. Dies sind die Bausteine der Resilienz, hinzu kommt noch die Ebene des Umfelds, der Rahmenbedingungen und der Hobbys. Und natürlich können Sie weitere Ebenen ergänzen.

- Biologische Ebene

- Soziale Ebene

- Psychologisch-mentale Ebene und Sinnerleben

- Umfeld, Rahmenbedingungen und Hobbys

Nun schreiben Sie auf, was Ihnen zu jedem der drei Bereiche (läuft bereits, hat in der Vergangenheit funktioniert, neue Ideen) einfällt, gegliedert wiederum nach den vier Ebenen (Biologie, Soziales, Mentales, Rahmenbedingungen). Notieren Sie einfach, was Ihnen durch den Kopf geht.

Hier ist ein Beispiel, wie das aussehen könnte:

Auf der biologischen Ebene machen Sie bereits folgende Dinge:
- mit dem Hund jeden Tag regelmäßig rausgehen
- vorwiegend vegetarisch essen
- an mindestens sechs Tagen pro Woche auf ausreichenden Schlaf achten

In der Reflektion merken Sie, dass Sie sich früher besser gefühlt haben, als Sie folgende Dinge gemacht haben:
- Lauftreff mit Arbeitskollegen
- Intervallfasten
- regelmäßige Saunabesuche

Diese Punkte würden dann in den Bereich „hat mal funktioniert, mache ich aber nicht mehr regelmäßig" fallen.

Dann überlegen Sie, was Sie gerne einmal ausprobieren würden. Was könnte Ihnen Spaß machen? Was könnte Ihren Akku auffüllen?
Dabei kommen Ihnen vielleicht folgende Ideen:
- Kletterkurs besuchen
- mit dem Partner/der Partnerin einen Tanzkurs besuchen
- Kampfsport lernen

Auf der sozialen Ebene gibt es vielleicht folgende Punkte, die Sie schon regelmäßig tun:
- Spieleabend mit Familie oder Freunden
- alle zwei Wochen mit der Partnerin oder dem Partner ein Glas Wein trinken gehen
- mit den Kindern Fahrrad fahren
- Feierabendgetränk mit den Arbeitskollegen

Die psychologisch-mentale Ebene ist hier sehr weit gefasst. Es geht darum, was wir mental (positiv) konsumieren, aber auch, womit wir uns auseinandersetzen.
- Bücher lesen
- Konzerte, Museen, Theater
- Kino, Fernsehen, gute Filme

Für viele Menschen spielt außerdem der Glaube eine wichtige Rolle. Den zu fördern gibt es zahlreiche Möglichkeiten: Gemeindeveranstaltungen, Gebete, Tempel-, Moschee- oder Kirchbesuche, Fastenzeiten usw. Nehmen Sie sich für diese Dinge die Zeit, die Sie sich nehmen wollen?

Die letzte Ebene bezieht sich auf das Umfeld, die Rahmenbedingungen und alle weiteren Faktoren wie zum Beispiel Hobbys und Interessen.
- Wenn Sie viel im Auto unterwegs sind, können Sie zum Beispiel die Zeit dadurch positiv nutzen, dass Sie sich Hörbücher anhören.
- Möchten Sie ein altes Hobby wieder aufleben lassen? Ihre Modelleisenbahn aus dem Keller holen und aufbauen, ein Instrument spielen, gärtnern oder handarbeiten?
- Wie ist Ihr Arbeitsplatz gestaltet? Haben Sie die Mög-

lichkeit, ihn selbst mitzugestalten? Dies ist vielleicht der Ort, an dem Sie den größten Teil Ihrer Zeit verbringen. Bilder an den Wänden könnten zum Beispiel ein erster Schritt sein.
- Eine Klientin bestellte per Dauerauftrag einen Blumendienst, der ihr jeden Montag frische Blumen liefert.

Weitere hilfreiche Aspekte:

- Kreative Ausdrucksformen
  Nehmen Sie sich Zeit für kreative Ausdrucksformen. Malen, Schreiben, Musizieren oder Tanzen – das Ausleben Ihrer kreativen Seite kann sehr befreiend und stärkend sein. Es erlaubt Ihnen, Ihren Emotionen Ausdruck zu verleihen, und hilft Ihnen, Stress abzubauen.

- Entspannung und Meditation
  Nehmen Sie sich jeden Tag einige Minuten Zeit für Entspannungsübungen oder Meditation. Die bewusste Auszeit hilft Ihnen, den Geist zu beruhigen und inneren Frieden zu finden. Egal, ob Sie einfache Atemübungen, autogenes Training, progressive Muskelentspannung oder geführte Meditationen machen – all das hilft, den Geist zu klären und neue Energie zu tanken.

- Zeit mit sich selbst
  Gönnen Sie sich regelmäßig Zeit mit sich selbst, ohne Ablenkung durch technische Geräte oder andere Menschen. Lesen Sie ein Buch, genießen Sie ein entspannendes Bad oder verbringen Sie Zeit in der Natur – allein sein kann heilend und regenerierend wirken.

- Digitale Auszeiten
  Schaffen Sie bewusst Phasen, in denen Sie sich von digitalen Geräten und Bildschirmen fernhalten. Die ständige Verfügbarkeit von Informationen und Kommunikation kann belastend sein. Gönnen Sie sich gelegentlich digitale Auszeiten, um zur Ruhe zu kommen.

- Genügend Schlaf
  Schlaf ist essentiell für die Regeneration von Körper und Geist. Achten Sie darauf, genügend Schlaf zu bekommen, und schaffen Sie sich eine entspannende Schlafumgebung. Ausreichender Schlaf verbessert die Konzentration, die Stimmung und das Energielevel.

- Dankbarkeit praktizieren
  Praktizieren Sie Dankbarkeit, indem Sie sich täglich einige Minuten nehmen, um sich bewusst zu machen, wofür Sie dankbar sind. Das Erkennen der positiven Aspekte in Ihrem Leben stärkt Ihre Resilienz und schenkt Ihnen ein Gefühl der Zufriedenheit.

5.3.3 Sortierung – Umsetzbarkeit und Wirksamkeit

Auf Ihrem Blatt sind jetzt hoffentlich zahlreiche Punkte notiert. Schauen Sie sich zunächst an, was Sie schon regelmäßig machen. Meist sind wir uns dessen gar nicht bewusst und unzufrieden mit uns selbst. Freuen Sie sich, was Sie alles bereits tun! Würdigen Sie, was Sie schon umgesetzt haben! Ein solcher Moment des Innehaltens und der Freude ist wichtig! Alle Dinge, die Sie notiert haben, dürfen so weiterlaufen. Ändern Sie an ihnen erstmal nichts.

Der Blick geht nun zu den beiden Kategorien „habe ich in der Vergangenheit gemacht" und „neue Ideen". Natürlich würden wir jetzt gerne alles davon umsetzen – und zwar sofort. Die Wahrscheinlichkeit, dass das klappt, nimmt aber dramatisch ab, je mehr wir uns vornehmen. Wenn wir nur ein oder zwei Dinge zu ändern versuchen, ist die Wahrscheinlichkeit hoch, dass es uns gelingt. Nehmen wir uns sechs Punkte vor, die wir ändern oder zusätzlich machen möchten, dann sinkt die Wahrscheinlichkeit, dass uns das dauerhaft gelingt, auf fast null. Also sollten Sie planen, was Sie (zuerst) ändern möchten – und wie Sie das umsetzen wollen.

Nehmen Sie sich wieder ein Blatt Papier und zeichnen Sie ein Koordinatensystem. An die eine Achse schreiben Sie „Umsetzbarkeit", an die andere Achse „Wirksamkeit".

Überlegen Sie bei der Beurteilung, wie einfach oder schwer es Ihnen fallen wird, den jeweiligen Punkt in Ihren Alltag zu integrieren.

Einen Marathon zu laufen, würde mir persönlich vielleicht sehr guttun. Es ist aber zurzeit nicht realistisch, dass ich es schaffe, dafür regelmäßig zu trainieren.

Setzen Sie die Dinge, die Sie leicht umsetzen und in Ihr Leben integrieren können, auf die rechte Seite. Was Ihnen schwerfallen würde umzusetzen, tragen Sie links ein. Dort würde bei mir der Marathonlauf mit täglichem Training über mehrere Monate stehen.

Gleichzeitig haben manche Aktivitäten eine größere bzw. geringere Wirksamkeit auf Ihren Energie-Akku. Wenn Sie vermuten, dass eine Aktivität Ihnen sehr viel Kraft geben würde, dann tragen Sie sie im oberen Bereich ein. Wenn Sie die Aktivität so einschätzen, dass sie ihnen weniger Kraft geben würde, dann tragen Sie sie im unteren Bereich ein.

Anhand dieser zweigeteilten Einschätzung erhalten Sie Ihre persönliche Übersicht.

Der Marathon mit seiner Vorbereitung würde in meiner persönlichen Grafik im Bereich der hohen Wirksamkeit, also weit oben stehen, aber auch weit links, weil schwer umzusetzen.

Es geht hier ausschließlich um Ihre ganz subjektive Einschätzung. Vielleicht würde es Ihnen ja leichtfallen, ein tägliches Lauftraining in Ihren Alltag zu integrieren. Dann würde der Marathon in Ihrem Koordinatensystem rechts stehen, und vielleicht auch weit oben.

Schauen Sie sich nun die Punkte an, die Sie oben rechts notiert haben. Wie beurteilen Sie sie? Wie schnell, wie leicht würde Ihnen die Umsetzung fallen? Empfinden Sie Freude bei den Gedanken an Planung, Umsetzung und Erwartung der Veränderung? Entscheiden Sie sich für zwei bis vier konkrete Aktivitäten, die Sie gerne umsetzten möchten.

5.3.4 Konkrete Planung

Überlegen Sie als nächstens, wie Sie die ausgewählten Punkte konkret in Ihrem Alltag umsetzen würden. Wären alle Materialien, Zeiten, Kapazitäten schon vorhanden? Was brauchen Sie noch?

Wenn Sie einen theoretischen Plan haben, wie Sie die Punkte in Ihren Alltag integrieren könnten, kommt ein sehr wichtiger Punkt hinzu: Ihre Motivation. WARUM sollten Sie dies tun? Was haben Sie davon? Auf einer Skala der Motivation zwischen 1 (eigentlich interessiert es mich doch ziemlich wenig) und 10 (Sie brennen voll und ganz dafür) sollten Sie mindestens bei 7–8 liegen. Denn im Alltag gehen solche Ideen und Vorsätze leider schnell wieder unter – und damit wächst auch die Demotivation („Ach, das schaffe ich ja doch nicht!"). Deshalb sollten Sie sich auch immer wieder an Ihre Motivation erinnern. Sie kann uns auch durch schwierige Phasen tragen, vor allem bei langfristigen Projekten, zum Beispiel wenn Sie abnehmen und deshalb Ihre Ernährung umstellen wollen.

Nun haben Sie einen Plan. Sie sind motiviert, ihn sofort umzusetzen. Sie brennen für Ihr Ziel. Aber ...

Sie haben die Rechnung leider ohne den Alltag gemacht. Denn hier lauern allerlei Hindernisse auf dem Weg zu einem vollen Energie-Akku. Nur wenn Sie die Schwierigkeiten bedenken und sich darauf vorbereiten, ist eine langfristige Umstellung realistisch.

Daher sollten Sie bei jeder der zwei bis vier Aktivitäten mindestens vier bis fünf Hindernisse einplanen, die mit großer Wahrscheinlichkeit kommen werden.

Es geht wieder darum, „Wenn-dann-Pläne" zu entwickeln, wie wir sie schon aus dem Stress-Inventar kennen.

Beispiele für mögliche Hindernisse sind:
- berufliche oder private Termine, die kurzfristig reinkommen
- Sie möchten Ihre Ernährung umstellen, Ihre Familie isst aber weiterhin Currywurst mit Pommes.
- Sie haben sich fest vorgenommen, sich mehr zu bewegen, aber dann regnet es, und der innere Schweinehund meldet sich immer lauter.

Wie könnten Sie mit diesen Hindernissen umgehen?
- **Wenn** Sie wissen, dass sich abends viele kurzfristige Termine ergeben, **dann** könnte es eine Alternative sein, dass Sie morgens Sport machen.
- **Wenn** Ihre Familie sich weiterhin wie gewohnt ernähren möchte, **dann** könnten Sie über Kompromisse sprechen (z.B. zweimal die Woche auf Fleisch verzichten für alle und zusätzlich Fleischersatzprodukte verarbeiten).
- **Wenn** es regnet und Sie laufen gehen wollten, **dann** nutzen Sie das Laufband im Keller. Vielleicht ist auch Yoga eine Alternative an diesen Tagen?

Wenn es trotz der Wenn-dann-Pläne nicht geklappt hat, dann bringt es nichts, sich zu ärgern. Seien Sie freundlich zu sich. Rückschläge gehören dazu. Ziehen Sie lieber

Rückschlüsse und überdenken Sie, warum Sie Ihren Plan nicht umsetzen konnten (zu viel vorgenommen, mangelnde Motivation etc.). Und überlegen Sie, ob Sie vielleicht anders vorgehen können.

Tipps, wie man mit dem inneren Schweinehund gut umgehen kann, finden Sie in dem sehr guten Buch „Verblüffend einfach Ziele erreichen" von Hans-Georg Willmann.

Mir persönlich gefällt besonders gut die Zehn-Minuten-Regel, die man in zwei Richtungen nutzen kann.

Zehn Minuten beginnen

Wenn Sie sich vorgenommen haben, Sport zu machen, aber wenig Motivation verspüren, dann sagen Sie sich: „Ich fange an mit dem Sport, und nach zehn Minuten darf ich wieder aufhören. Das wäre völlig in Ordnung, niemand zwingt mich." Wir werden in den wenigsten Fällen wirklich aufhören. Trotzdem reduziert dieser Trick unseren inneren Widerstand und hilft uns, am Ball zu bleiben.

Zehn Minuten warten

Wenn Sie Ihre Ernährung umstellen wollen, aber plötzlich absoluten Heißhunger auf Süßes bekommen – die Gummibärchen lachen Sie verlockend an –, dann legen Sie die Gummibärchen einfach in einen Schrank außerhalb Ihrer Sichtweite und sagen sich: „In zehn Minuten darf ich sie essen, wenn ich dann noch will!" In der Zwischenzeit rufen Sie sich Ihre Motivation, warum Sie eigentlich auf Süßes verzichten wollten, ins Bewusstsein. Nach den zehn

Die Zehn-Minuten-Regel hilft, sich selbst zu überlisten.

Minuten entscheiden Sie sich für oder gegen die Gummibärchen. Sie werden merken, dass die innere Erlaubnis, in zehn Minuten Süßes essen zu dürfen, enormen Druck aus der Situation nimmt und Ihnen hilft, Ihre Motivation aufrechtzuerhalten.

5.3.5 Freude über das Erreichte

Neue Gewohnheiten verfestigen sich dann am besten, wenn sie mit einer positiven Emotion gekoppelt werden. Das bedeutet: Wenn Sie sich gut um sich selbst gekümmert und sich aufgerafft haben, zum Joggen in den Wald zu gehen, dann sollten Sie sich im Anschluss von Herzen darüber freuen. Je mehr und je länger Sie sich wirklich freuen und stolz darauf sind, was Sie geschafft haben, desto mehr bilden sich die neuen positiven Nervenbahnen in Ihrem Gehirn aus, die dazu beitragen, dass Sie auch morgen das neue Verhalten zeigen. Damit das gut funktioniert, sollten Sie mindestens eine Minute lang Ihre Freude und Ihren Stolz auskosten.

Sie werden merken: Eine Minute kann ganz schön lang sein. Es kann eine Herausforderung sein, wirklich eine Minute lang dieses Gefühl von innerlichem Schulterklopfen und Freude zu halten. Trotzdem sollten Sie es immer wieder versuchen.

Innere Freude und Stolz über das Erreichte beschleunigen die Verfestigung von Gewohnheiten.

Anhand dieser mehrschrittigen und umfangreichen Übung haben Sie eine gute Übersicht über Ihre Energiequellen gewonnen und einen konkreten Plan entwickelt, wie Sie der paradoxen Stressreaktion trotzen können und dazu beitragen, dass sich Ihr Energie-Akku füllt.

Ausblick

Sie haben nun eine Menge über die Strukturierung von Stress, Bewertung, Resilienz und Ressourcen gelesen und haben viele Informationen, mögliche Lösungswege und Übungsansätze erhalten.

Jetzt sind Sie dran! Beginnen Sie mit der Erstellung Ihres persönlichen Stress-Inventars und setzen Sie die Punkte Schritt für Schritt um. Manchmal werden Sie schnell Ergebnisse erzielen, manchmal wird es dauern, bis sich die ersten Erfolge einstellen. Das ist ein Prozess, der immer wieder angepasst werden muss, wenn wir merken, dass wir unser gewünschtes Ziel nicht erreichen.

Natürlich wünschen wir alle uns die schnellen Lösungen, die uns in den sozialen Medien, in Büchern und von vielen „Fachleuten" versprochen werden. Aus persönlicher Erfahrung weiß ich aber, dass innere Zufriedenheit etwas ist, an dem ich „dranbleiben" muss. Zentral ist, dass wir uns dabei nicht überfordern, sondern geduldig mit uns selbst sind.

Stress und mentale Belastungen sind mittlerweile ein großes gesellschaftliches Problem. Das zeigen Studien und Auswertungen von Krankenkassen. Was ich mir als Stressmediziner wünschen würde, wäre eine bundesweite Resilienz-Kampagne, in der die Thematik konstruktiv und vor allem lösungsorientiert angegangen wird und bei der Menschen das nötige Handwerkszeug erhalten, um besser mit ihrem Stress umzugehen.

Es ist sehr positiv, dass das Thema mittlerweile mehr Aufmerksamkeit von Ärzten, Therapeutinnen, Gesundheitsbehörden und Arbeitgebern erhält. Mittlerweile bieten weitere Landesärztekammern die Fortbildung Stressmedizin an. Unterstützung und Begleitung ist in vielen Fällen sehr hilfreich. Das ist auf individueller Ebene meine Aufgabe als Arzt. Auf systemischer Ebene hilft das Institut für Stressmedizin Rhein Ruhr Fach- und Führungskräften, Teams und Unternehmen dabei, ihre Widerstandsfähigkeit zu stärken, besser mit Stress umzugehen und gesünder miteinander zu arbeiten. Wenn Sie Interesse an unserer Arbeit haben, dann finden Sie unter www.ism-rhein-ruhr.de weitere Informationen.

Es fängt IMMER mit dem Individuum an. Also warten Sie nicht, sondern starten Sie und nutzen Sie Ihren Einflussbereich.

Ich wünsche Ihnen dabei viel Erfolg!
Ihr
Dr. Matthias Weniger

*„Die Zukunft hängt davon ab,
was wir heute tun."*

Mahatma Gandhi

Der ISM-Resilienz-Test

Wie kann man die psychologischen Aspekte der Resilienz bestimmen?

Wir haben am Institut für Stressmedizin Rhein Ruhr vor einiger Zeit einen Resilienz-Test entwickelt, mit dem Sie Ihre psychologischen Resilienz-Aspekte messen können. Dieser Test dient lediglich zu Ihrer Orientierung und liefert keine allgemeingültige Interpretation Ihrer psychischen Konstitution. Wenn Sie das Gefühl haben, dass Sie Hilfe benötigen, dann suchen Sie bitte Ihre Ärztin oder Ihren Arzt auf.

Vergeben Sie für die folgenden 48 Aussagen Punkte. Stellen Sie sich dabei jeweils folgende Frage:
Wie sehr trifft diese Aussage auf mich zu?

1 fast nie
2 selten
3 häufig
4 meistens

		1	2	3	4
1	Wenn es mir mal schlecht geht, weiß ich, was ich tun muss, damit es mir wieder besser geht.	☐	☐	☐	☐
2	Ich kann ziemlich genau einschätzen, was ich meinem Körper zumuten kann und was nicht.	☐	☐	☐	☐
3	Wenn ich bei einem Problem nicht weiter weiß, spüre ich das auch körperlich (Nervosität, Atemknappheit, Verkrampfung o.ä.).	☐	☐	☐	☐
4	Ich könnte mehr für die Gesundheit meines Körpers tun, verhalte ich mich aber häufig kontraproduktiv (Alkohol, Zigaretten, fettiges Essen o.ä.).	☐	☐	☐	☐
5	Wenn es mir mal körperlich schlecht geht, weiß ich meistens nicht, was ich tun kann, damit es mir besser geht.	☐	☐	☐	☐
6	Es kommt vor, dass ich in stressigen Situationen meine eigenen Reaktionen nicht verstehe.	☐	☐	☐	☐
7	Wenn ich in Not wäre, wüsste ich, dass mich andere Menschen unterstützen.	☐	☐	☐	☐
8	Ungewohnte Situationen begreife ich als Herausforderung, und es macht mir Spaß, sie zu meistern.	☐	☐	☐	☐
9	Ich fühle mich im Alltag oft überfordert und weiß dann nicht, wofür ich das alles mache.	☐	☐	☐	☐
10	In Konflikten gerate ich schnell aus der Ruhe.	☐	☐	☐	☐

1 fast nie
2 selten
3 häufig
4 meistens

	1	2	3	4
11 Auf starke Gefühle reagiere ich körperlich (Schwitzen, flauer Magen, nervöse Bewegungen etc.).	☐	☐	☐	☐
12 Bei dem ganzen Stress im Moment habe ich keine Ahnung, wie es weitergehen soll.	☐	☐	☐	☐
13 Durch Sport, Entspannung o.ä. kann ich besser mit emotionalem Stress umgehen.	☐	☐	☐	☐
14 Meine Freizeit verbringe ich mit Menschen, die mir guttun.	☐	☐	☐	☐
15 Ich verlasse mich gerne auf die Meinung anderer.	☐	☐	☐	☐
16 Ich habe keine Angst vor meinen Gefühlen.	☐	☐	☐	☐
17 Misserfolge hake ich schnell ab und konzentriere mich darauf, neue Wege zu finden.	☐	☐	☐	☐
18 Wenn ich einen Fehler mache, dann bringt mich das nicht aus der Ruhe.	☐	☐	☐	☐
19 Ich fühle mich von meiner Familie und meinen Freunden nicht unterstützt.	☐	☐	☐	☐
20 Ich versuche, meine Schwächen vor anderen zu verbergen.	☐	☐	☐	☐
21 Wenn ich mein Leben betrachte, dann habe ich immer nach bestem Wissen und Gewissen gehandelt.	☐	☐	☐	☐
22 Ich habe zu wenige Menschen, die mich unterstützen.	☐	☐	☐	☐
23 Wenn etwas schlecht gelaufen ist, könnte ich mich darüber endlos aufregen.	☐	☐	☐	☐

1 fast nie
2 selten
3 häufig
4 meistens

		1	2	3	4
24	Bevor ich mich entscheide, warte ich lieber bis zum letzten Moment.				
25	Ich bin zwar nicht perfekt, versuche aber trotzdem, nach bestem Wissen und Gewissen zu leben.				
26	Ich habe ein Bild davon, wie ich in fünf Jahren leben möchte.				
27	Ich bin nur selten mit anderen Menschen unterwegs, die ich wirklich mag.				
28	Krisen haben mich im Leben oft weitergebracht.				
29	Ich habe das Gefühl, im Alltag von Problem zu Problem zu rennen und die Übersicht zu verlieren.				
30	Ich weiß, was mir im Leben wichtig ist.				
31	Andere machen mir oft das Leben schwer.				
32	Ich übernehme gerne Verantwortung.				
33	Ich hadere oft mit meinem Aussehen.				
34	Es fällt mir schwer, Entscheidungen zu treffen.				
35	Oft fühle ich mich in Gesellschaft anderer körperlich unwohl.				
36	Auch wenn Probleme erst unlösbar scheinen, kann ich durch Nachdenken oft gute Lösungen finden.				

1 fast nie
2 selten
3 häufig
4 meistens

		1	2	3	4
37	Ich grüble viel darüber nach, was in meinem Leben schlecht gelaufen ist.	☐	☐	☐	☐
38	Ich suche den Kontakt zu fremden Kulturen und anders denkenden Menschen.	☐	☐	☐	☐
39	Ich achte darauf, meinen Körper fit zu halten (gesunde Ernährung, maßvolles Essen, Sport treiben, viel Wasser trinken usw.).	☐	☐	☐	☐
40	Ich erlebe ausreichend körperliche Nähe und Zuneigung.	☐	☐	☐	☐
41	Sobald ich merke, dass ich körperlich abbaue, versuche ich, mich mehr zu bewegen und mich gesünder zu ernähren.	☐	☐	☐	☐
42	In Gesellschaft von Freunden oder der Familie fühle ich mich gut.	☐	☐	☐	☐
43	Ich habe das Gefühl, meine Ziele im Leben umsetzen zu können.	☐	☐	☐	☐
44	Starke Gefühle erlebe ich meist negativ.	☐	☐	☐	☐
45	Manchmal kann ich es nicht lassen, mich über bestimmte Gegebenheiten oder Menschen zu ärgern, auch wenn ich weiß, dass ich sie nicht ändern kann.	☐	☐	☐	☐
46	Die Verantwortung für mein Leben trage ich.	☐	☐	☐	☐
47	In herausfordernden Situationen fühle ich mich oft körperlich voller Energie, sie anzugehen.	☐	☐	☐	☐
48	Ich grüble oft.	☐	☐	☐	☐

Auswertung 1

Bitte übertragen Sie jetzt die einzelnen Punkte in die sechs nachfolgenden Kategorien. In der oberen Zeile finden Sie die Nummer der Testfrage. Tragen Sie Ihre Test-Punktzahl in der unteren Zeile ein. Berücksichtigen Sie beim Zusammenzählen der Punkte, dass bei der Hälfte der Fragen pro Kategorie ein Minuszeichen vorgegeben ist. Ziehen Sie bitte diese Punkte von der Gesamtzahl ab. Negativergebnisse sind möglich.

Gefühlssteuerung

Testfrage	1	6	10	11	13	16	28	44	Total
Punkte		–	–	–				–	

Zukunftsorientierung

Testfrage	4	9	12	21	26	29	30	39	Total
Punkte	–	–	–			–			

Problemlösungskompetenz

Testfrage	3	8	17	23	34	36	47	48	Total
Punkte	–			–	–			–	

Akzeptanz

Testfrage	2	18	20	25	33	37	38	45	Total
Punkte			–		–	–		–	

Selbstbestimmung

Testfrage	5	15	24	31	32	41	43	46	Total
Punkte	–	–	–	–					

Netzwerkorientierung

Testfrage	7	14	19	22	27	35	40	42	Total
Punkte			–	–	–	–			

Auswertung 2

Bitte kreuzen Sie auf der Skala der folgenden sechs Kategorien Ihren Punktestand an.

Gefühlssteuerung

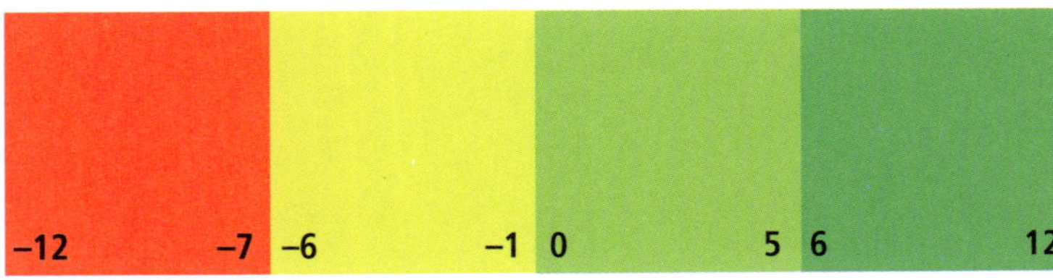

Aufgewühlt **vs.** **Innere Ruhe**

Erklärung

Gefühlssteuerung beschreibt die Fähigkeit, starke Gefühle und Impulse zu regulieren. Im Alltag geraten wir immer wieder in Situationen, die starke Reaktionen bei uns verursachen, besonders unter hoher Anspannung. Wenn wir unter Druck sind, uns ungerecht behandelt oder angegriffen fühlen, neigen wir zu extrem negativen Gefühlen, die wir am liebsten schnell loswerden möchten. Dadurch entsteht der Impuls, Dampf abzulassen oder die Gefühle schnell zu verdrängen. Beide Strategien schaffen kurzfristig Erleichterung, haben aber den Nachteil, dass wir aus der Krise oft nichts Positives lernen. Fühlen wir uns geärgert und ärgern wir diese Person zurück, dann kommt es meist zur Eskalation. Schaffen wir es aber, die Situation erst in Ruhe zu überdenken und dann strategisch zu überlegen, wie wir damit umgehen, führt das meist zu einem nachhaltigen Ergebnis. Allgemein gesprochen: Die Fähigkeit, starke Gefühle aushalten zu können und sie konstruktiv umzuwandeln, hilft dabei, gelassener mit Stress umzugehen und langfristig sinnvolle Ziele zu erreichen. Auch körperlich gesehen fördert es die Gesundheit, wenn uns Methoden zur Verfügung stehen, mit denen wir Stressreaktionen ausgleichen können, zum Beispiel Sport oder Entspannungstechniken.

Interpretation

Haben Sie eine hohe Punktzahl erreicht? Dann ruhen Sie sprichwörtlich in sich. Oder steckt in Ihnen noch Entwicklungspotenzial?

Lösungsstrategien/Lösungsorientierte Fragen

- Machen Sie sich klar, dass jedes Gefühl irgendwann verblasst. Oder haben Sie sich schon mal 24 Stunden am Stück nur glücklich, ängstlich etc. gefühlt?
- Machen Sie regelmäßig Entspannungs- und Achtsamkeitstraining und/oder Sport.
- Verzichten Sie auf oder reduzieren Sie Alkohol, Zigaretten, ungesundes Essen, hohen Medienkonsum u.ä.
- Nehmen Sie sich in kritischen Situationen Zeit für eine Entscheidung. Schlafen Sie zum Beispiel eine Nacht darüber.
- Überdenken Sie in geistig beruhigtem und klarem Zustand die Situation.
- Reflektieren Sie gemeinsam mit vertrauten Menschen die Situation.

Zukunftsorientierung

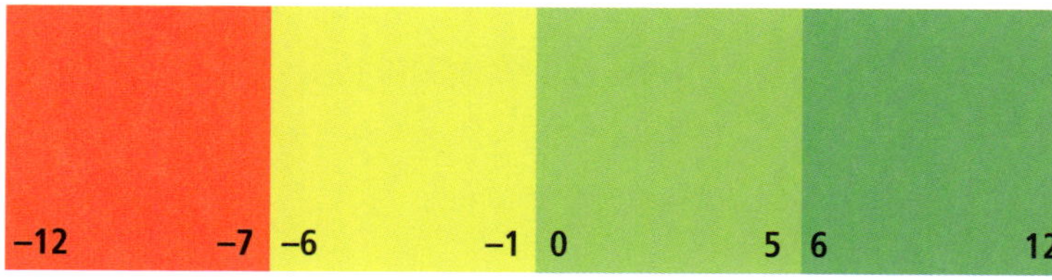

Unbeständigkeit **vs.** **Beständigkeit**

Erklärung

Zukunftsorientierung bedeutet, dass man langfristig und unabhängig von den vielen Ereignissen, die im Alltag passieren, Werte und Ziele verfolgen und umsetzen kann. Im normalen Wahnsinn des Alltags mit all seinen Herausforderungen, in dem wir eigentlich immer zu wenig Zeit haben, verstricken wir uns oft in Details oder gar in Unwichtigem. Wir verlieren leicht den Überblick oder lassen uns vom Sog der Aufgaben mitziehen. Häufig kommen Gefühle von Getriebensein, Abhängigkeit und allgemeiner Unzufriedenheit hinzu. Zusätzlich laufen wir Gefahr, unser körperliches Wohlbefinden zu vernachlässigen. Können wir auf die letzten drei Jahre zurückschauen und sagen: „Ich habe das getan und erreicht, was mir wichtig ist – trotz eventueller Widrigkeiten", und „Ich war überwiegend glücklich, zufrieden und im Einklang mit mir"?

Interpretation

Haben Sie die Fragen mit Ja beantwortet, dann haben Sie auf dieser Skala eine hohe Punktzahl erreicht. Kommen Sie dagegen nur auf wenige Punkte, dann können Ihnen die folgenden Lösungsstrategien helfen.

Lösungsstrategien/Lösungsorientierte Fragen

- Schreiben Sie die Ihnen wichtigsten fünf bis zehn Werte im Leben auf und machen Sie konkret, was das für die Lebensplanung in den nächsten fünf Jahren bedeutet.
- Führen Sie Gespräche darüber mit Ihrer Familie oder Ihren Freunden.
- Definieren Sie drei zeitraubende Tätigkeiten im Alltag, die Sie leicht aufgeben können (stundenlanges zielloses Surfen im Internet, mit viel Aufwand Schnäppchen hinterherrennen, Dinge in Perfektion erledigen o.ä.)
- Überlegen Sie, wer Sie unterstützen und entlasten könnte.
- Stellen Sie sich dreimal am Tag den Wecker und fragen Sie sich dann: Ist es sinnvoll, was ich gerade tue? Und was ist mir heute wichtig zu tun?

Problemlösekompetenz

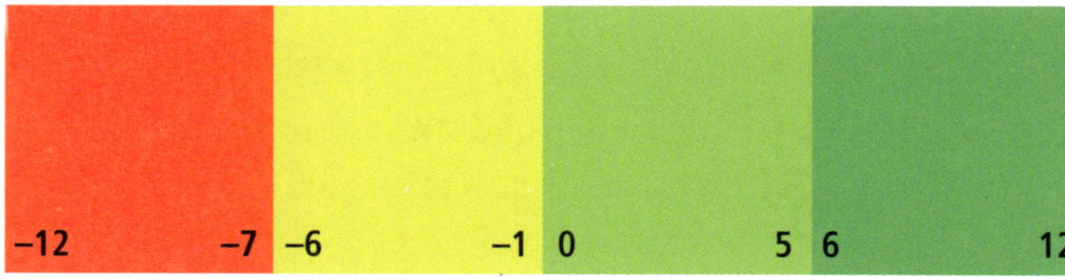

Problemfokussierung **vs.** **Lösungsorientierung**

Erklärung

Problemlösekompetenz beschreibt die Fähigkeit, den Fokus auf die Punkte zu lenken, die gut funktionieren, und bei Misserfolgen schnell neue Strategien zu suchen, die erfolgreicher sein können. Unglücklicherweise tendieren wir Menschen aber dazu, nach dem „Klettprinzip" zu handeln: Wenn etwas schief läuft, haften wir mit den Gedanken daran fest und fragen uns, warum es passiert ist, warum gerade uns oder was wir hätten anders machen können. Bis zu einem gewissen Grad kann die Analyse eines Misserfolgs natürlich helfen, doch erfolgreiche und zufriedene Menschen zeichnen sich dadurch aus, dass sie schnell den Blick nach vorne richten. Darüber hinaus begreifen sie Hindernisse als Herausforderungen und fühlen sich durch sie sogar beflügelt. Die Spitze des Berges zu sehen und nicht nur die Mühen des Aufstiegs, kann einem ungeahnte Kräfte verleihen.

Interpretation

Falls Sie auf dieser Skala gut punkten, bereitet Ihnen die lösungsorientierte Herangehensweise an Schwierigkeiten kein Problem. Andernfalls könnten folgende Punkte Anregungen geben.

Lösungsstrategien/Lösungsorientierte Fragen

- Beobachten Sie Ihre Gedanken oder schreiben Sie sie auf. Hängen Sie in Grübelgedanken fest (die Gedanken drehen sich im Kreis, und Sie kommen zu keinem Ergebnis)? Oder kommen Sie gerade durch strategisch wertvolle Überlegungen auf einen guten Lösungsansatz?
- Leicht gesagt, aber trotzdem oft vergessen: Setzen Sie den Fokus auf die Lösung, nicht auf das Problem.
- Strukturieren Sie Ihre Herangehensweise nach folgenden Punkten.
  a Was ist das Problem?
  b Was ist das Ziel?
  c Brainstormen Sie: Welche Möglichkeiten gibt es, zum Ziel zu kommen? Entscheiden Sie dann: Welche Alternative wähle ich? Und welche konkreten Schritte muss ich dafür einschlagen?
  d Welche Hindernisse gibt es? Wo kann ich Unterstützung bekommen?

Akzeptanz

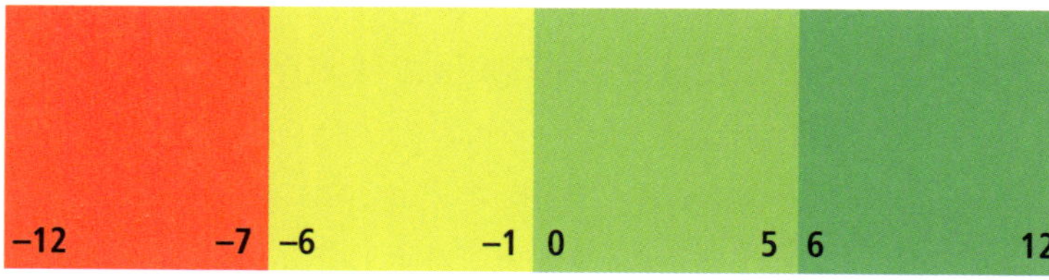

Widerstand vs. Akzeptanz

Erklärung

Akzeptanz bedeutet, Geschehenes, Unveränderbares und Unvermeidbares anzunehmen. Beim Punkt Problemlösefähigkeit ging es darum, effektiv Lösungen für existierende Probleme zu finden. Aber nicht jeder Sachverhalt lässt sich ändern, und oft verbrauchen wir sehr viel Energie darauf, uns mit Dingen zu beschäftigen, die unveränderbar sind. Ein Verkehrsunfall mit Sachschaden z.B. kann nicht rückgängig gemacht werden, aber es leiten sich sehr wohl Schritte ab, die geplant werden müssen (Versicherungsformalia, Reparaturen, aber auch vielleicht die Frage, wie wir zukünftig am Verkehr teilnehmen). Die Fähigkeit, Unveränderbares von einem lösbaren Problem zu unterscheiden, kann eine Menge unnötigen Stress vermeiden. Das gilt übrigens sehr oft auch für unsere Einstellung gegenüber Partnern, Freunden, Mitarbeitern, Chefs. Denn andere Menschen zu ändern, ist in der Regel vergebene Liebesmüh. Es geht hier aber auch um die Selbstakzeptanz. Sind Sie oft unzufrieden mit sich, Ihrem Aussehen, Ihrem Verhalten und Ihren Leistungen? Natürlich gibt es immer Punkte, in denen man sich ändern kann, denn kein Mensch ist makellos. Aber Zufriedenheit stellt sich vor allem dann ein, wenn wir authentisch sind und uns vor allem auf unsere Stärken besinnen.

Interpretation

Wenn Sie hier hoch punkten, gehen Sie schon mit einer akzeptierenden Grundhaltung durch die Welt. Falls Ihnen diese Haltung schwer fällt, könnten folgende Ansätze zu mehr Akzeptanz beitragen.

Lösungsstrategien/Lösungsorientierte Fragen

- Analysieren Sie immer wieder, ob Sie ein Problem ändern können oder nicht bzw. ob sich der Einsatz lohnt. (Drehe ich Schleifen oder schaue ich nach vorn?)
- Stellen Sie sich folgende Frage, die in Coachings gern zum Einsatz kommt: Was wäre anders, wenn ich diesen Sachverhalt/diese Person/mich ohne Veränderung akzeptieren könnte?
- Fühlen Sie sich unsicher und versuchen Sie, vermeintliche Schwächen vor anderen zu verbergen? Schreiben Sie all Ihre Stärken und Schwächen auf und reflektieren Sie, wie Sie eine Person mit diesen Eigenschaften fänden. Sie können sich auch Rückmeldung von anderen einholen, welche Stärken bzw. Schwächen diese bei Ihnen wahrnehmen.
- Wählen Sie ein Erlebnis aus, zu dem Sie noch negative Gefühle haben, und versuchen Sie, innerlich Akzeptanz herzustellen. Wenn es nicht geht: Versuchen Sie herauszufinden, was Sie davon abhält, es zu akzeptieren.

Selbstbestimmung

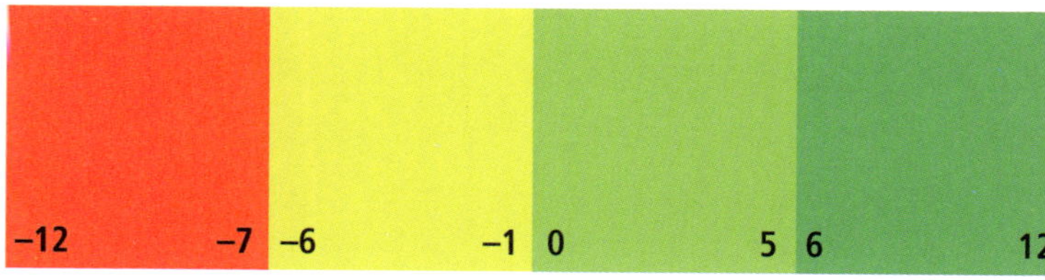

Reaktiv **vs.** **Proaktiv**

Erklärung

Selbstbestimmung bedeutet, dass man Verantwortung für eigene Handlungen und Entscheidungen und ihre Konsequenzen übernimmt. Oft ist es bequem, andere für Probleme verantwortlich zu machen. Es ist leicht zu sehen, wie ungerecht der Chef ist, wie unverschämt die Nachbarn, wie faul die eigenen Kinder usw., und das als Grund zu nehmen, nichts an Schräglagen zu ändern. Unser Geist macht es sich oft sehr bequem. Das kann kurzfristig entlastend sein, aber auf Dauer macht es uns unzufrieden, da wir uns in negativer Abhängigkeit von anderen oder den widrigen Umständen fühlen. Das Ziel muss sein, dass wir unser Leben aktiv in die Hand nehmen und für uns einstehen.

Interpretation

Als selbstverantwortlicher Typ finden Sie sich rechts auf der Skala wieder. Sollten Sie eher im linken Bereich sein, könnten folgende Ideen helfen.

Lösungsstrategiez/Lösungsorientierte Fragen

– Unterschätzen Sie nicht Ihre Fähigkeiten, etwas in Ihrem Leben zu ändern, und rufen Sie sich immer wieder vergangene Erfolge ins Gedächtnis.

- Treffen Sie aktiv Entscheidungen, auch wenn Sie wissen, dass es keine perfekte Lösung gibt. Denn keine Entscheidung zu treffen ist oft auch eine Entscheidung.
- Gibt es eine Lebenssituation, mit der Sie schon länger unzufrieden sind? Dann fragen Sie sich: Was tragen Sie selbst dazu bei? Und was müssten Sie tun, um die Lage zu ändern?

Netzwerkorientierung

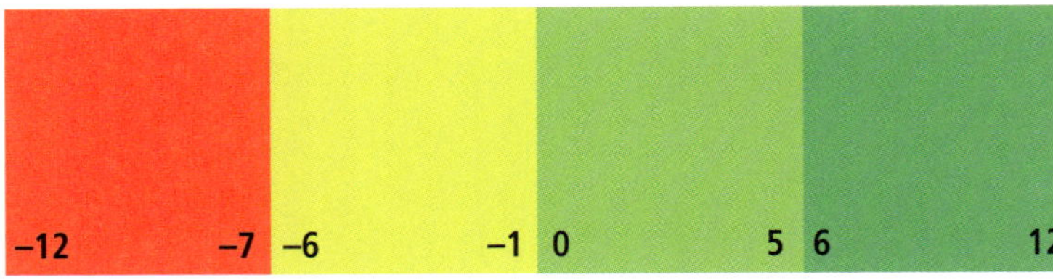

Mangelnder Rückhalt vs. **Soziale Unterstützung**

Erklärung

Netzwerkorientierung bedeutet, soziale Unterstützung zu erfahren. Wir Menschen sind soziale Wesen und profitieren in vielen Fällen von einem stabilen sozialen Umfeld. Allerdings kommt dieses meist nicht von allein. Wir müssen selbst aktiv werden, um Kontakte aufzubauen und zu pflegen. Darüber hinaus ist es wichtig zu unterscheiden, welche Kontakte uns wirklich guttun und welche uns eher belasten. Manchmal müssen wir den Mut aufbringen, uns abzugrenzen oder gar Kontakte abzubrechen. Sich von anderen geliebt und akzeptiert zu fühlen und Nähe zu erfahren, ist oft ein großer Baustein im Lebensglück. Und gerade in schwierigen Situationen kann uns die Unterstützung von anderen viel Stress und Leid nehmen. Erfolgreiche Menschen suchen sich bei Herausforderungen gezielt die nötige Unterstützung im sozialen Netzwerk.

Interpretation

Wenn Sie hoch punkten, fühlen Sie sich in guter Gesellschaft mit anderen Menschen. Sollten Sie Entwicklungspotenzial haben, dürfen wir Ihnen folgende Gedankenanstöße geben.

Lösungsstrategien/Lösungsorientierte Fragen

- Listen Sie die fünf bis zehn wichtigsten Menschen im Privaten wie auch im Beruflichen auf und vergeben Sie Punktzahlen von -10 (sehr energieraubender Kontakt) bis 10 (sehr zufriedenstellender, unterstützender Kontakt).
- Fragen Sie sich dann, ob Sie energieraubende Kontakte abbrechen oder ändern können.
- Überlegen Sie auch, was Sie persönlich dazu beitragen, dass ein Kontakt kraftraubend ist. (Grenzen Sie sich z.B. nicht genug ab?)
- Überlegen Sie, ob Sie Ihre positiven Kontakte ausreichend pflegen.
- Wie ist das Verhältnis von Arbeit und Freizeit in Ihrem Leben? Nehmen Sie sich genug Zeit für Freunde und Familie? (Denn das sind in der Regel die Menschen, die auf Dauer bleiben und guttun!)

Literatur

Heiko Ullrich, Christoph Haurand, Matthias Weniger: Stressmedizin – Beratung, Vorbeugung, Behandlung. MWV Medizinisch Wissenschaftliche Verlagsgesellschaft, 2. Auflage 2018

Ralf Senftleben: Die Kunst in schwierigen Zeiten nicht durchzudrehen: Geniale Strategien für mehr Stärke und Gelassenheit im Alltag. Gräfe und Unzer Verlag, 4. Auflage 2020

Victor Frankl: ... trotzdem Ja zum Leben sagen: Ein Psychologe erlebt das Konzentrationslager. Penguin Verlag 2018

Stephen R. Covey: Die 7 Wege zur Effektivität: Prinzipien für persönlichen und beruflichen Erfolg. Gabal Verlag, 59. Auflage 2018

Georg Lolos: Du bist nicht, was du denkst: Wie wir aus der negativen Gedankenspirale aussteigen und den Kopf freibekommen. Arkana Verlag 2019

Georg Lolos: Halt finden in sich selbst. Arkana Verlag 2022

Ulrich T. Egle, Christine Heim, Bernhard Strauß: Psychosomatik – neurobiologisch fundiert und evidenzbasiert: Ein Lehr- und Handbuch. Kohlhammer 2020

Reinhard Sprenger: Die Entscheidung liegt bei Dir! Wege aus der alltäglichen Unzufriedenheit. Campus Verlag 2015

Bas Kast: Kompass für die Seele. Das Fazit neuester Studien zu Resilienz und innerer Stärke. 10 wissenschaftlich erwiesene Wege, um Körper und Geist gesund zu erhalten. C. Bertelsmann Verlag 2023

Andreas Hillert und Arnd Albrecht: Burn-out, Stress, Depressionen. Interdisziplinäre Strategien für Ärzte, Therapeuten und Coaches. Elsevier Verlag 2020

Jack Kornfield: Das weise Herz. Die universellen Prinzipien buddhistischer Psychologie. Arkana Verlag 2008

Dzogchen Ponlop Rinpoche: Emotionale Befreiung. Wie wir Stress in Lebenskraft umwandeln. O.W. Barth Verlag 2015

Chade-Meng Tan: Search Inside Yourself. Optimiere Dein Leben durch Achtsamkeit. Goldmann Verlag, 6. Auflage 2015

Josef W. Egger: Theorie und Praxis der biopsychosozialen Medizin. Körper-Seele-Einheit und sprechende Medizin. Facultas Verlag 2017

Kerry Patterson, Joseph Grenny, Ron McMillan, Al Switzler: Heikle Gespräche. Worauf es ankommt, wenn viel auf dem Spiel steht. Linde Verlag, 2. Auflage 2012

Hans-Georg Willmann: Verblüffend einfach Ziele erreichen. Elf kleine Tricks mit großer Wirkung. Gabal Verlag, 2. Auflage 2017

Dr. med. Matthias Weniger ist Facharzt für Allgemeinmedizin, ausgebildeter Psychotherapeut und Stressmediziner. Als Geschäftsführer des Instituts für Stressmedizin Rhein Ruhr mit Sitz im mittleren Ruhrgebiet (Hattingen) berät er mit seinem Team Unternehmen und deren Mitarbeitende zum Thema Resilienzstärkung. Daneben behandelt er in seiner Privatpraxis Patientinnen und Patienten, die unter Stress und Burnout leiden.

Dr. Weniger ist seit über zehn Jahren einer der wissenschaftlichen Leiter der Fortbildung Stressmedizin bei der Ärztekammer Westfalen-Lippe – einer Fortbildung, die einen ganzheitlichen und interdisziplinären Ansatz zur Behandlung von Stress und Stressfolgeerkrankungen verfolgt.

ISM Institut für Stressmedizin
Rhein Ruhr

Das Institut für Stressmedizin Rhein Ruhr ist eine der führenden Institutionen für das Thema Stressmedizin. Unser Ziel ist es, die individuelle Resilienz so wie die von Teams und Unternehmen langfristig zu stärken, damit sie mit Herausforderungen und Krisen besser umgehen können: vom „Starken Ich" über das „Resiliente Du" zum „Gesunden Wir". Dabei stehen Zufriedenheit, Gesundheit und Motivation im Mittelpunkt unserer Arbeit. Unsere Denk- und Arbeitsweise ist lösungs- und ressourcenorientiert.

Das „Starke Ich"
Wir helfen unseren Klientinnen und Klienten dabei, ihre persönliche Resilienz zu stärken, um so der zunehmenden Dynamik und Komplexität im modernen Arbeitsleben konstruktiv zu begegnen auf diese Weise lassen sich die Zufriedenheit und die Leistungsfähigkeit erhöhen und erhalten zu unserem Angebot gehören neben dem präventivmedizinischen Stress und Resilienz Programm auch Coachings sowie Seminare für Mitarbeitende zu diversen Themen rund um Stressbewältigung und Gesundheit.

Das „Resiliente Du"
Fach- und Führungskräfte werden von uns darin unterstützt, notwendige Veränderungen zu gestalten, damit ihre Teams gesund und resilient werden, handeln und dies auch nachhaltig bleiben. Hier arbeiten wir mit der Begleitung von Führungskräften und Teams, aber auch mit Seminaren zu Themen rund um gute und gesunde Führung, Changemanagement und mentale Gesundheit.

Das „Gesunde Wir"
Wir helfen dabei die Unternehmenskultur positiv zu verändern, sowie die Strukturen des betrieblichen Gesundheitsmanagements zu etablieren bzw. zu verbessern. Zudem erarbeiten wir gemeinsam mit unseren Kunden eine gesunde Vision des Unternehmens. Am Ende vieler Veränderungen bei Einzelpersonen, Teams und Unternehmen steht für uns ein größeres Ziel: eine gesündere und widerstandsfähigere Gesellschaft, die die Herausforderungen der Gegenwart und Zukunft erfolgreich meistert